Michael Moll und Monika Barwinska

111 Orte im Thüringer Wald, die man gesehen haben muss

111

emons:

Bibliografische Information der Deutschen Nationalbibliothek
Die Deutsche Nationalbibliothek verzeichnet diese Publikation in der Deutschen Nationalbibliografie; detaillierte bibliografische Daten sind im Internet über http://dnb.d-nb.de abrufbar.

Gestaltung: Eva Kraskes, nach einem Konzept von Lübbeke | Naumann | Thoben
Kartografie: altancicek.design, www.altancicek.de
Kartenbasisinformationen aus Openstreetmap,
© OpenStreetMap-Mitwirkende, ODbL
Druck und Bindung: Grafisches Centrum Cuno, Calbe
Printed in Germany 2015
ISBN 978-3-95451-515-8
Originalausgabe

Vorwort

Den Großen Inselsberg, die Wartburg und den Rennsteig kennt man, wenn man in Thüringen lebt, aufgewachsen ist oder regelmäßig am Wochenende einen Ausflug unternimmt. Aber wissen Sie auch, dass der sprichwörtlich begrabene Hund ebenfalls im Thüringer Wald unter die Erde gekommen ist? Dass man in früheren Zeiten auch noch mit der Straßenbahn durch Eisenach fahren konnte, werden die älteren Einwohner noch gut wissen. Aber dass es heute eine kleine, öffentliche Ausstellung dazu gibt, noch zusammen mit einem alten Gleisstück im Boden, und dass diese Ausstellung ausgerechnet an einem Parkhaus zu sehen ist – das ist dann schon eher unbekannter. Und dass der Thüringer Wald kuriose Gotteshäuser beherbergt, ist sicherlich auch nicht jedem bekannt. Oder kennen Sie auf Anhieb die Standorte einer Rundkirche, einer Winkelkirche und den der kleinsten Fachwerkkirche Thüringens?

Dieses und noch viel mehr wird in diesem Buch vorgestellt. »111 Orte im Thüringer Wald, die man gesehen haben muss« sind 111 Orte, die man nicht als klassisches Ziel vor Augen hat und die auch nicht jeder kennt. Oder würden Sie dem Brandleitetunnel normalerweise einen Besuch abstatten, wenn Sie nicht wüssten, was es damit auf sich hat? Erfahren Sie Superlative, Kurioses und Spannendes rechts und links des Rennsteigs – dann werden Sie auch erfahren, wo eigentlich die Holzschilder herkommen, die den Wanderern auf dem beliebten Wanderweg die Richtung vorgeben. Und nach der Lektüre werden Sie sagen können, dass der Thüringer Wald auch ganz ohne Meeresanschluss einen Leuchtturm beherbergt.

Wir wünschen Ihnen viel Spaß und Freude bei der (Neu-)Entdeckung des Thüringer Waldes von einer ganz anderen Sichtweise.

111 Orte

DER
ENNSTEIG
R
HENWEG
DES
ÜRINGER
WALDES

Größte
glocke der Welt
Oberhof

tabakpfeifenmuseum

1 Der Kleine Thüringer Wald

Geologie im Suhler Stadtwald

Wer kennt ihn nicht, den Kleinen Thüringer Wald? Vermutlich werden die meisten jetzt an den Freizeitpark mini-a-thür denken, in dem Gebäude aus Thüringen als Modelllandschaft ausgestellt sind. Nein, dieser ist an anderer Stelle beschrieben (siehe Seite 146).

Aber einen Kleinen Thüringer Wald gibt es tatsächlich, auch wenn gern darüber gestritten wird, was der Kleine Thüringer Wald ist, wo er sich befindet und ob sein Name überhaupt eine offizielle Bezeichnung ist. Denn es existiert keine amtliche Karte, in der der Kleine Thüringer Wald namentlich aufgeführt wird. Auch in anderen amtlichen Verzeichnissen, wie zum Beispiel in einer Übersicht der thüringischen Landschaftsschutzgebiete, ist von einem Kleinen Thüringer Wald nicht die Rede. Verbreitet ist die Bezeichnung vor allem in der Mundart, aber selbst das nur in der näheren Umgebung des Gebiets. Und das befindet sich in einem gedachten Dreieck zwischen Suhl, Schleusingen und Schmeheim. Der nördliche Bereich dieses kleinen Hügellandes ist besser bekannt als Suhler Stadtwald und liegt im Stadtgebiet von Suhl.

Im Osten wird der Kleine Thüringer Wald durch das Tal des Flusses Erle von seinem größeren Bruder abgetrennt. Parallel dazu verläuft die Autobahn 73. Im Westen bildet das kleine Gebirge die Abgrenzung des Werra-Tals und damit auch zur Rhön. Der höchste Gipfel ist zwar der Schneeberg mit einer Höhe von 692 Metern, dennoch ist eine topografische Abgrenzung zur weiteren Umgebung nicht erkennbar. Seinen Namen erhielt der Kleine Thüringer Wald durch einen Geologen, der ihn als Modell des eigentlichen Thüringer Waldes bezeichnete. Seither wurde dieser Name in der lokalen Bevölkerung immer öfter genutzt. So können die Bewohner des Dorfes Altendambach immerhin behaupten, dass sie ihren eigenen Thüringer Wald haben. Denn dieses Dorf ist das einzige, das mittendrin liegt – ein guter Ausgangspunkt für kurze Wanderungen in den Kleinen Thüringer Wald.

Adresse 98553 Altendambach | **Anfahrt** A 73, Ausfahrt 3 (Suhl-Friedberg), L 3247 bis St. Kilian, L 2634 bis Altendambach | **Tipp** Nur wenige Kilometer weiter südlich lockt die doppeltürmige Kirchenruine von Kloster Veßra bei Themar.

2 Mon Plaisir

Puppenstuben des Adels

In Arnstadt kann man sich auf eine Zeitreise ins 18. Jahrhundert begeben. Auguste Dorothea von Schwarzburg bekam im Alter von 33 Jahren von ihrem Mann, dem Grafen Anton Günther II. von Schwarzburg-Sondershausen, ein Grundstück geschenkt, auf dem sie das heute nicht mehr existierende Schloss Augustenburg errichten ließ. Dort bewahrte sie ein wahres Sammelsurium von Porzellan, Schmuck und Kunsthandwerk auf. Ein halbes Jahrhundert verbrachte sie damit, aus den Exponaten das Puppenkabinett Mon Plaisir zu schaffen. Dabei investierte sie nicht nur ihr gesamtes Vermögen, sondern nahm darüber hinaus auch noch Schulden auf, die sie nie zurückzahlen konnte. Und das alles nur für ein Vergnügen, denn Mon Plaisir ist nichts weiter als die französische Übersetzung von »Mein Vergnügen«.

Die Sammlung dieser Dame, die in ihrem Leben anscheinend nichts anderes zu tun hatte, ist dennoch sehenswert. Sie besteht aus 400 Puppen, die in über 80 sogenannten Stuben Szenen des damaligen Lebens nachstellen. Jede einzelne Puppe wurde in Handarbeit gefertigt und bekleidet. Alle diese barocken Schaukästen zusammen ergeben eine kleine Puppenstadt, und als Besucher spaziert man von einer Szene des 18. Jahrhunderts zur nächsten.

Erstaunlicherweise wird dabei kein Unterschied zwischen dem einfachen bäuerlichen und dem adeligen Leben gemacht. Man sieht in einer der Puppenstuben die Fürstin vor dem Kamin bei einer Tasse Tee sitzen, während in einem anderen Schaukasten Fischer an einem Kanal sitzen.

Zu sehen ist die Puppenausstellung Mon Plaisier im Arnstädter Schloss, das aber auch noch mit einem Porzellankabinett mit rund 800 Porzellanen aus Fernost aufwartet. Ebenso einzigartig wie Mon Plaisir ist auch der letzte verbliebene Orgelspieltisch, an dem Johann Sebastian Bach seiner Kunst nachging. Und zu guter Letzt sei natürlich noch der barocke Festsaal des Schlosses erwähnt.

Adresse Mon Plaisir, Schlossplatz 1, 99310 Arnstadt, Tel. 03628/602932, www.arnstadt.de | **Anfahrt** A 71, Ausfahrt 14, L 1048 (Stadtilmer Straße) bis ins Zentrum von Arnstadt | **Öffnungszeiten** Di–So 9.30–16.30 Uhr | **Tipp** In der Ritterstraße 3–5 befindet sich das größte Weinfass Thüringens. Es hat eine Höhe von über drei Metern, fasst 20.000 Liter und befindet sich in Schellhorns Restaurant.

3 Das Felsentheater

Friedrich Schiller Open Air

Der Thüringer Wald auf dem Meeresboden – diese Schlagzeile haben die Thüringer auch angesichts des drohenden Klimawandels nicht zu befürchten. Vielmehr hätte das die Überschrift eines Zeitungsartikels von vor 250 Millionen Jahren sein können, wenn es damals schon Zeitungen gegeben hätte. Im damaligen Perm-Zeitalter lagen weite Teile Mitteleuropas unter den Fluten des frühzeitlichen Zechsteinmeeres, und es entstanden viele geologische Besonderheiten, die heute noch sehenswert sind. So zum Beispiel auch das sogenannte Felsentheater von Bad Liebenstein.

Nur zehn Gehminuten von der aus dem 14. Jahrhundert stammenden Burgruine Liebenstein entfernt befindet sich im Wald eine Höhle, die durch das Zechsteinmeer entstanden ist. Korallen, Schwämme und andere Organismen aus dem Meer ließen die Riffkalke entstehen, aus denen diese Höhle hervorgegangen ist. Wo wir also heute in die Höhleneingänge hineinschauen, schwammen lange vor unserer Zeit Fischarten umher, die heute nicht mehr existieren.

Bis zum Mittelalter war die Höhle sogar noch größer, bis ein Teil der Decke im 16. Jahrhundert einstürzte. Zu Beginn des 19. Jahrhunderts ließen die Herzöge von Sachsen-Meiningen den Ort zu einer Naturbühne unter freiem Himmel umgestalten. Kleine Treppen und Wege führten zu einer etwas erhöht gelegenen Bühne, während weiter unten eine Art Zuschauerraum entstand. Gerahmt wird das Felsentheater von markanten Felswänden, die rechts und links bis zu acht Meter aufragen.

Mitte des 19. Jahrhunderts sollen dann sogar kleinere Theateraufführungen stattgefunden haben, schriftlich überliefert ist das jedoch nicht. Im letzten Jahrhundert geriet das Felsentheater in Vergessenheit und wurde der Natur überlassen. Erst in den vergangenen Jahren haben die Natur- und Heimatfreunde von Bad Liebenstein die Wege und Treppen wieder begehbar gemacht. Einer Theateraufführung in wildromantischer Umgebung steht damit nichts mehr im Wege.

Adresse 36448 Bad Liebenstein | **Anfahrt** A 71, Ausfahrt Meiningen-Nord, B 19 bis Barchfeld, L 1027 bis Bad Liebenstein, im Ort parken und zu Fuß an der Burgruine vorbei | **Tipp** Am Rande von Bad Liebenstein befindet sich die Altensteiner Höhle, die als Schauhöhle begangen werden kann und bereits Drehort für den Kinderfilm »Tom Sawyer« war.

4 Ida von Sachsen-Meiningen

Wenn die Queen das wüsste

Das britische Königshaus und seine Royals im Thüringer Wald? Prinz William, Kate und ihre zwei Kinder mitsamt Prinz Charles und seiner Mutter Queen Elizabeth II. irgendwo zwischen Bad Liebenstein und Brotterode? Warum nicht.

Dass der Adel aus dem Thüringer Wald nicht wegzudenken ist, ist natürlich völlig klar. Allein die Namen aller Thüringer Adelsgeschlechter der Vergangenheit aufzuzählen, würde hier den Rahmen sprengen. So lebt zum Beispiel heute noch Michael-Benedikt Prinz von Sachsen-Weimar-Eisenach. Neben dem Herzogtum Sachsen-Weimar existierten weitere Herzogtümer wie zum Beispiel das Herzogtum Sachsen-Meiningen mit Prinzessin Ida von Sachsen-Meiningen, die 1794 in Meiningen zur Welt kam und 1852 in Weimar verstarb. In Liebenstein hatte sie oft die Sommermonate verbracht. Ihr Bruder, Herzog Bernhard II. von Sachsen-Meiningen, ließ zwei Jahre nach ihrem Tod eine Stele mit ihrem Konterfei aufstellen. Dieses Ida-Denkmal befindet sich mitten im Wald, unweit der Burgruine Liebenstein. Im Laufe der Zeit verfiel das aus Sandstein gehauene Denkmal immer mehr, doch zum 150-jährigen Bestehen ließ der Natur- und Heimatfreundeverein aus Bad Liebenstein durch eine aufwendige Sanierung das Denkmal wieder in altem Glanz erstrahlen.

Herzog Bernhard II. und Ida hatten jedoch noch eine weitere Schwester – Adelheid. Diese heiratete 1818 Wilhelm Heinrich von Großbritannien, der später König Wilhelm IV. von England wurde. Adelheid, übrigens auch Namensgeberin für die australische Stadt Adelaide, war damit Königin von England. Die Nichte ihres Mannes war Queen Victoria, die wiederum die Ururgroßmutter von Queen Elizabeth II. war. Vielleicht wird Herzogin Kate eines Tages mit ihren zwei Kindern durch den Thüringer Wald spazieren und ihnen am Ida-Denkmal erklären, dass Ida die Schwägerin des Onkels ihrer Urururururgroßmutter war und somit das britische Königshaus eine Verbindung zum Thüringer Wald hat.

Adresse 36448 Bad Liebenstein | **Anfahrt** A 71, Ausfahrt Meiningen-Nord, B 19 bis Barchfeld, L 1027 bis Bad Liebenstein, im Ort parken und zu Fuß an der Burgruine vorbei | **Tipp** Flamingos, Otter, Stachelschweine, ein Eulen-Lehrpfad und vieles mehr sind im Tierpark Bad Liebenstein zu sehen.

5 Die Wasserscheide Weser-Elbe

Rechts die Weser, links die Elbe

Was haben der Wilseder Berg in der Lüneburger Heide, der Wurmberg als höchster Gipfel Niedersachsens und der Nationalpark Hainich mit dem Thüringer Wald zu tun? All diese Punkte gehören zur Wasserscheide Weser-Elbe, die es sogar geschafft hat, an der Bundesstraße 88 bei Catterfeld mit einem Hinweisschild geehrt zu werden.

Mehr als dieses rechteckige Schild mit blauer Schrift auf weißem Grund gibt es jedoch nicht zu sehen. Eine Wasserscheide ist nun einmal nicht so leicht erkennbar – abgesehen von der Kuppe, die man hier als Autofahrer überquert. Wasserscheiden sind recht einfach zu erklären. Sie bestehen in der Regel aus einem Höhenzug, der zwei verschiedene Flusssysteme voneinander trennt.

Die Wasserscheide bei Catterfeld trennt alle Bäche und Niederschläge westlich des Schildes von den Wasserläufen östlich der Wasserscheide. Und damit ist nicht nur diese Kuppe gemeint, sondern der gesamte Höhenzug, der im Norden bis in die Lüneburger Heide reicht. Westlich davon fließt das Wasser in die Weser, im Osten münden die Bäche und Flüsse in die Elbe. Dass beide Ströme verhältnismäßig dicht nebeneinander in die Nordsee münden, spielt hierbei keine Rolle. Aber es gibt natürlich auch Wasserscheiden, die so etwas verhindern, wie zum Beispiel die Europäische Wasserscheide. Diese durchzieht den Europäischen Kontinent in grober Linie von Ost nach West. Alles Wasser südlich dieser Wasserscheide mündet entweder ins Mittelmeer oder in den Atlantik, während nördlich davon das Wasser in Nord- und Ostsee beziehungsweise in den Atlantik fließt.

Allerdings gibt es bei der Weser-Elbe-Wasserscheide eine Besonderheit. Im Georgenthal beginnt am Fluss Apfelstädt der Flößgraben. Während das meiste Wasser der Apfelstädt in Richtung Elbe fließt, wird durch den künstlich angelegten Flößgraben Wasser in den Leinakanal transportiert und damit die Wasserscheide überwunden.

Adresse B 88, 99894 Catterfeld | **Anfahrt** A 4, Ausfahrt 42, B 247 bis Ohrdruf, B 88 bis Catterfeld | **Tipp** Ein Stück weiter auf der B 88 durchquert man Friedrichroda. Gleich dahinter liegt auf der linken Seite die berühmte Marienglashöhle, die immer einen Besuch wert ist.

6 Das Jonastal

Auf den Spuren der Verschwörungstheoretiker

Am 16. Juli 1945 explodierte bei Los Alamos im Rahmen des Manhattan-Projektes die erste Atombombe der Welt und begründete damit ein neues Zeitalter der Menschheitsgeschichte. So steht es in den Geschichtsbüchern und ist es allgemein bekannt. Doch der eine oder andere Verschwörungstheoretiker hat eine etwas andere Sicht auf den Beginn des Atomzeitalters und vermutet die erste atomare Explosion der Welt an einem ruhigen, idyllischen Ort am Rande des Thüringer Waldes – im Jonastal.

Natürlich, die Bombe war nur ein Bömbchen. Den berühmten Atompilz hat es nicht gegeben, und die Sprengkraft reichte gerade einmal einen halben Kilometer weit. Im nahe gelegenen Arnstadt und Ohrdruf hätte man selbstverständlich nichts merken dürfen – es war ja alles geheim. Dabei hätte die Atombombe aus dem Jonastal doch viel mehr Zerstörungskraft gehabt. Deshalb sahen die Planungen am Ende des Zweiten Weltkriegs vor, in Kürze New York zu zerstören – so die Verschwörungstheoretiker. Doch die Amerikaner kamen den Deutschen zuvor und warfen ihre Atombombe drei Monate später in Japan ab.

Nun, dass es im Jonastal in den letzten Kriegsmonaten zu geheimen Bauvorhaben kam, steht außer Frage und ist auch heute noch sichtbar. Doch ob hier eine Atombombe gezündet oder das Bernsteinzimmer versteckt werden sollte, wird man wohl niemals sicher klären können. Letzteres hat übrigens die DDR-Regierung im Jonastal vermutet und gesucht. Und gemunkelt wird bis heute noch sehr viel, was im Thüringer Wald Geheimnisvolles geschah. Die aktuellste Vermutung über die Bautätigkeit im Jonastal dürfte die bisher wohl realistischste sein, nämlich, dass Hitler sich dort ein weiteres Führerhauptquartier bauen ließ. Übrigens: Auf einem sieben Kilometer langen Rundwanderweg durch das Tal kommt man auch an einem militärischen Sicherheitsbereich vorbei, der immer noch nicht betreten werden darf. Welche Gründe das wohl haben mag?

Adresse Jonastal, 99330 Crawinkel | **Anfahrt** B 88, ab Crawinkel über die Erfurter Straße und Gosseler Straße in Richtung Arnstadt, Parkplätze auf der linken Seite | **Tipp** Unternehmen Sie eine Wanderung auf dem sieben Kilometer langen Geschichts- und Naturlehrpfad rund um das Jonastal. Für längere Touren empfiehlt sich sogar ein 20 Kilometer langer Rundwanderweg.

7 Der Wagen von Compiègne

Ende einer Zugfahrt

Es regnet, und die Wolken hängen tief, als der Gedenkstein fotografiert werden soll. Aber irgendwie passt dieses trübe und tristgraue Wetter zu der Geschichte, die dem Gedenkstein vorausging. Der Wagen von Compiègne war ursprünglich ein Speisewagen der französischen Eisenbahn. Er wurde im Jahr 1914 gebaut und erhielt die Kennnummer 2419D. Bis Oktober 1918 rollte der Waggon als gewöhnlicher Speisewagen über die Gleise. Der französische Marschall Ferdinand Foch ließ den Wagen jedoch gegen Ende des Ersten Weltkriegs zu einem Büro umbauen, in dem am 11. November 1918 der Waffenstillstand unterzeichnet und damit der Erste Weltkrieg beendet wurde. Dieses historische Ereignis fand auf einer Waldlichtung im nordfranzösischen Compiègne statt und führte dazu, dass der Waggon aus dem Dienst genommen wurde. Wagen 2419D wurde damit zu einem geschichtsträchtigen Museumsstück. Bis 1927 wurde der Wagen in Paris ausgestellt, anschließend in einem Museumsgebäude in Compiègne.

Während der Wagen in den folgenden Jahren friedlich besichtigt werden konnte, übernahm im östlichen Nachbarland ein Diktator die Macht und verbreitete Angst, Schrecken und Tod. 1940 marschierte er in Frankreich ein und rächte sich auf seine Weise – die Franzosen sollten am selben Ort im selben Waggon einen Waffenstillstandsvertrag und damit ihre Kapitulation unterzeichnen. Hitler ließ den Waggon nach Berlin bringen, wo er zunächst öffentlich ausgestellt wurde, dann in den Kriegswirren jedoch in den Thüringer Wald kam. Hier bei Crawinkel fand er sein letztes Zuhause, bevor er im März 1945 komplett ausbrannte.

An diesen geschichtsträchtigen, mobilen Ort erinnern heute der erwähnte Gedenkstein und ein altes Bahngleis mit Prellbock. Auf der 582 Kilometer entfernten Lichtung bei Compiègne, die zu einer Gedenkstätte umgestaltet wurde, steht heute ein baugleiches Fahrzeug.

Adresse Bahnhofstraße, 99330 Crawinkel | **Anfahrt** B 88 in Crawinkel verlassen, weiter auf der Kleinen Bahnhofstraße in die Bahnhofstraße, neben den Gleisen bis zum Denkmal | **Tipp** Bei einem Besuch der Alten Mühle in einem historischen Gebäudekomplex in der Bahnhofstraße 10 kann man an Vorträgen, Ausstellungen und Liederabenden teilnehmen.

8 Das Burschenschaftsdenkmal

Mit weiten Blicken übers Land

Das Wahrzeichen von Eisenach ist ganz klar die Wartburg. Weithin sichtbar thront sie oberhalb der Stadt und lockt als Weltkulturerbe jährlich über 300.000 Besucher an. Von der Terrasse der Wartburg aus blicken diese dann gen Osten und sehen in rund eineinhalb Kilometern Entfernung ein weiteres interessant anmutendes Bauwerk – das Burschenschaftsdenkmal.

Wie die Wartburg steht auch das Burschenschaftsdenkmal auf einem Berg am Südrand von Eisenach, der 350 Meter hohen Göpelskuppe. Das Denkmal wurde zu Beginn des letzten Jahrhunderts errichtet und erinnert an die Deutsche Reichsgründung des Jahres 1871. Eigentlich sollte das Burschenschaftsdenkmal auf dem im Norden der Stadt gelegenen Wartberg errichtet werden, und es kam im Jahr 1897 sogar zur Grundsteinlegung. Doch als im Jahr darauf Fürst Otto von Bismarck starb, wurde der Standort für einen heute nicht mehr vorhandenen Bismarckturm genutzt, und das geplante Burschenschaftsdenkmal musste ausweichen.

Im Zweiten Weltkrieg gab es kaum Schäden am 33 Meter hohen Denkmal, doch der DDR-Führung war das Denkmal ein Dorn im Auge, weswegen es Pläne gab, das Bauwerk zu sprengen oder es durch seine Form eines Rundtempels als Sternwarte zu nutzen. Nach der Wiedervereinigung wurde das Denkmal restauriert und kann heute wieder besichtigt werden. Im Inneren präsentiert es sich mit einem sehenswerten Deckengemälde und einigen Wandtafeln, auf denen die Namen der Gründer der Burschenschaft eingeschlagen sind, während von außen die in Stein gehauenen Köpfe von Goethe, Beethoven, Dürer, Luther, Karl dem Großen und Arminius, dem Cheruskerfürsten, zu sehen sind. Unterhalb des Portals breitet sich noch ein Ehrenmal aus, das an die in den beiden Weltkriegen gefallenen Burschenschaftler erinnert.

Adresse Burschenschaftsdenkmal, An der Göpelskuppe, 99817 Eisenach, Tel. 0351/27985251, www.burschenschaftsdenkmal.de | **Anfahrt** A 4, Ausfahrt 40a, B 84 und B 19 bis Eisenach-Zentrum, Zufahrt über die Johann-Sebastian-Bach-Straße bis zum Denkmal-Parkplatz | **Öffnungszeiten** täglich 10–18 Uhr | **Tipp** Vom Burschenschaftsdenkmal kann man die Wartburg sehen, beide Orte sind über verschiedene Wandermöglichkeiten miteinander verbunden, und so kann das Wahrzeichen der Stadt vom Denkmal aus auch zu Fuß erreicht werden.

9 Die Eisenacher Brauerei

Wohl bekomm's

Zweifarbig kommt sie daher, die breite Front einer Fabrikmauer in der Eisenacher Wartburgallee. Die lachsfarbenen Streifen sind noch gut erkennbar. Das Gelb weicht langsam einem Farbton aus Graubraun und wirkt nicht nur schmutzig, sondern alt. An einem breiten Tor weisen zwei Schilder auf die maximale Durchfahrtshöhe von drei Metern und achtzig hin. Dass so mancher Lkw-Fahrer die Angabe ignoriert hat, erkennt man gut am Mauerwerk des Torbogens.

Das Gebäude der Eisenacher Brauerei ist von außen wahrlich keine Schönheit. Den Anspruch erhebt sie zwar auch nicht, doch es wirkt alles etwas altbacken. Aber das Alter ist eben auch das, was die Brauerei ausmacht. Und hier muss sich das Unternehmen eigentlich gar nicht so bescheiden geben. Dennoch weisen nur zwei kleine Schilder oberhalb des Torbogens darauf hin, dass die Brauerei bereits seit dem Jahr 1828 besteht – immerhin fast 200 Jahre.

Damals lebten über 240 sogenannte Brauereiberechtigte allein in Eisenach, die sich zusammenschlossen und einen gemeinsamen, rund 100 Meter langen Felsenkeller errichteten, was oft als Grundsteinlegung für die heutige Brauerei bezeichnet wird. Im Laufe der Jahre folgten ein Malzhaus und ein Sudhaus. Letzteres wurde im Jahr 1911 erneuert und gilt seither als das Wahrzeichen der Brauerei.

Heute werden hier mehrere Biersorten gebraut. Der Klassiker ist das Wartburg-Pils. Hinzu kamen in jüngerer Zeit das Wartburg-Export und das Wartburg-Radler. Stolz ist man aber auch auf den Schwarzen Esel, ein Schwarzbier, auf dessen Etikett der Kopf von Eselin Anja zu sehen ist. Anja ist eine von den Eseln, die tagein, tagaus die Besucher zur Wartburg hinaufbringen und damit ein Wahrzeichen der Region sind. Der damalige amerikanische Präsident Bill Clinton und Bundeskanzler Helmut Kohl sind zwar nicht auf Eseln auf die Wartburg geritten, doch 1998 waren sie zusammen in den Felsenkellern und haben bei einem Glas Bier auf den 170. Geburtstag der Eisenacher Brauerei angestoßen. Wohl bekomm's.

Adresse Wartburgallee, 99817 Eisenach | **Anfahrt** A 4, Ausfahrt 40a, B 84 und B 19 bis Eisenach-Zentrum. Die Brauerei befindet sich an der B 19 auf der linken Seite. | **Tipp** Südlich von Eisenach, weiter auf der B 19, gelangt man zum Wanderparkplatz Hohe Sonne, der sich als Einstieg für einen Spaziergang durch die legendäre Drachenschlucht anbietet.

10 Die Fachwerkkirche

Viel kleiner geht es nicht mehr

Wartha ist ein Stadtteil der größten Stadt des Thüringer Waldes, Eisenach, und liegt malerisch am linken Ufer der Werra. Der Name hat sich wegen des Grenzübergangs Wartha / Herleshausen zwischen dem einstigen Westen und dem früheren Osten im Gedächtnis der Deutschen eingeprägt. Wartha selbst kann aber auf eine noch viel ältere Geschichte zurückblicken. Eines der historischen Schmuckstücke steht inmitten des hübschen Ortes, der mit kleinen Fachwerkhäusern und blumenreichen Vorgärten glänzt. Es handelt sich dabei um ein wahres Kleinod – um die kleinste Fachwerkkirche Thüringens.

Das evangelische Gotteshaus, dessen Grundfläche rund 60 Quadratmeter beträgt – also nicht viel mehr als eine durchschnittliche Wohnung –, wurde wahrscheinlich 1568 erbaut und steht seit 1979 unter Denkmalschutz. Es ist ein Beispiel der Ständerbauweise, was nichts weiter bedeutet, als dass die senkrecht stehenden Balken – die Ständer – die tragende Konstruktion eines Gebäudes sind.

Der Innenraum der Kirche ist mit seinen Emporen schlicht eingerichtet. Viel Platz hätte es für ausschweifende Architektur und Ausschmückungen auch nicht gegeben. An der Nordseite des Bauwerks befindet sich eine überdachte Treppe, von der aus die Emporen zu erreichen sind. Diese werden wie die Decke von einem im Innenraum mittig stehenden Holzpfeiler gestützt. Die Ostseite wird von einem Dachturm, in dem sich noch eine alte Glocke befindet, gekrönt. Zu der historischen Ausstattung der Kirche gehört ein altes achteckiges Taufbecken, das vermutlich aus dem Jahr 1587 stammt, und ein etwas jüngeres Kruzifix sowie die Orgel aus dem 19. Jahrhundert. Charakteristisch sind die zwei Spitzbogenfenster aus Buntglas, die sich hinter dem Altar befinden.

Die Fachwerkkirche, die von einer üppigen Kletterrose geschmückt ist, und die Ortschaft selbst verleihen der Gegend eine unvergessliche idyllische Atmosphäre.

Adresse Unterdorf, 99817 Eisenach | **Anfahrt** A 4, Ausfahrt 38 (Herleshausen), L 3251 bis Eisenach-Wartha, Dorfstraße und dann rechts in die Straße Unterdorf | **Tipp** Bei einer Besichtigung der weiter westlich gelegenen Burgruine Brandenburg kann man einen tollen Blick auf das Tal der hier stark mäandernden Werra erleben.

11 Die Gedenkstätte Goldener Löwe

Wo gründe ich eine Partei?

Was haben Helmut Schmidt, Willy Brandt und Gerhard Schröder gemeinsam? Sie waren Bundeskanzler der Bundesrepublik Deutschland. Und was haben sie mit weiteren prominenten Namen wie Gustav Heinemann, Wolfgang Thierse, Otto Schily, Hannelore Kraft und Sigmar Gabriel gemein? Alle diese Personen waren oder sind Mitglied in der Sozialdemokratischen Partei Deutschlands, kurz SPD.

Und genau diese SPD nahm ihren Anfang in Eisenach – zumindest zum Teil. Wäre die SPD nämlich ein Fluss, dann hätte sie mindestens zwei Quellen. Eine davon wäre in Leipzig gewesen. Auf dem dortigen Quellstein würde wohl die Jahreszahl 1863 mit der Bezeichnung »Allgemeiner Deutscher Arbeiterverein« eingraviert sein. Eine andere Quelle steht in Eisenach. Dort wurde sechs Jahre später im Gasthof zum Goldenen Löwen die Sozialdemokratische Arbeiterpartei gegründet. Beide Parteien gelten als Vorläufer der heute bekannten SPD.

Das Gebäude stammt aus der ersten Hälfte des 18. Jahrhunderts und ersetzte einen 200 Jahre alten Gasthof, der schon damals den Namen »Zum Löwen« trug. Zu dem Neubau gehörte ein Saal, in dem man das Tanzbein schwang. Dieser befand sich in der ersten Etage und wich nach einem großen Umbau einigen Hotelzimmern. Anfang des 20. Jahrhunderts galt Eisenach als Sommerfrische und als Kurstadt. In dieser Zeit blühte der Gasthof zum Goldenen Löwen auf und war eines der besseren Restaurants in der Stadt. Doch das änderte sich nach Ende des Kurbetriebes, und das Haus wurde zu einem schnöden Verwaltungsgebäude umgestaltet. In der Zeit der DDR richtete man hier eine Gedenkstätte ein, die an den Eisenacher Parteitag des Jahres 1869 erinnern sollte. Heute weht die Fahne der Sozialdemokratischen Partei Deutschlands an der Hausfassade, dem bedeutendsten Ort in der Geschichte der Sozialdemokratie.

Adresse Goldener Löwe, Marienstraße 57, 99817 Eisenach, Tel. 03691/882723 | **Anfahrt** B 19 bis Eisenach-Zentrum, von der Wartburgallee in die Barfüßerstraße | **Öffnungszeiten** Mo–Fr 10–16 Uhr | **Tipp** Im Haus befindet sich die August-Bebel-Stiftung, die die zwei Ausstellungen »Eisenach zur Zeit des Kongresses 1869« und »Der Eisenacher Kongress 1869 – An der Wiege der deutschen Sozialdemokratie« zeigt.

12 Die Gedenktafel für Bill Clinton

Welcome Mr. President

Was macht man eigentlich so den ganzen Tag, wenn man zum Präsidenten der Vereinigten Staaten von Amerika gewählt wurde und als mächtigster Mensch der Welt gilt? Um diese Frage beispielhaft zu beantworten, sollten wir einen Blick in die Geschichte werfen und uns den 14. Mai 1998 anschauen. Es war ein sonniger Tag in Thüringen, und während in seiner Heimat über Sexualpraktiken mit einer gewissen Monica Lewinsky diskutiert wurde, besuchte Staatspräsident Bill Clinton den Thüringer Wald.

Nachdem er tags zuvor das Potsdamer Schloss Sanssouci besichtigt und am Morgen noch eine Rede zur Luftbrücke am Berliner Tempelhof gehalten hatte, besuchte er zusammen mit dem damaligen Bundeskanzler Helmut Kohl das Opel-Werk Eisenach. Wenig später fuhren die beiden, natürlich mit einem Tross an Begleitfahrzeugen, zum Marktplatz, um dort vor rund 30.000 Eisenachern zu sprechen.

»Herr Präsident, lieber Bill Clinton, herzlichen Dank für Ihren Besuch in Eisenach, für Ihre Rede und für den freundschaftlichen Geist, der aus Ihren Worten sprach.« Mit diesen Worten wurde der 42. Präsident der USA von Helmut Kohl offiziell begrüßt. Der damalige Oberbürgermeister von Eisenach, Hans-Peter Brodhun, lud nach der Rede dazu ein, sich ins Goldene Buch der Stadt einzutragen, bevor Bill Clinton einem Konzert im Bachhaus beiwohnte. Zu guter Letzt folgten noch ein kurzer Stadtbummel durch die Einkaufsstraßen Eisenachs und natürlich der Besuch auf der Wartburg. Heute erinnert an diesen Tag eine Gedenktafel, die gleich neben einer Gedenktafel anlässlich des Besuchs von Willy Brandt hängt. Diese wurde im Jahr 2010 feierlich enthüllt und erinnert an den Besuch des Friedensnobelpreisträgers Brandt zwei Jahrzehnte zuvor, genauer gesagt im Januar 1990, als die DDR zwar noch existierte, aber ihre Tage gezählt waren.

Adresse Markt, 99817 Eisenach | **Anfahrt** B 19 bis Eisenach-Zentrum, Parkmöglichkeiten in der Rennbahn-Straße, weiter zu Fuß über die Clemdastraße und Karlstraße bis zum Markt | **Tipp** Kombinieren Sie den Besuch direkt mit einem Spaziergang über den Wochenmarkt (Mittwoch und Freitag).

13 Der Geodätentag in Eisenach

Von Längen- und Breitengraden

Benutzen Sie moderne Navigationstechnologien wie das Global Positioning System, kurz GPS, während Ihrer Reisen oder Fahrten durch den Thüringer Wald? Oder sind Sie der traditionellen (Straßen-)Karte treu geblieben? So oder so, beide Mittel führen Sie nun zum Ziel. Wenn Sie ein Navigationsgerät verwenden, geben Sie bitte die folgenden Koordinaten ein: 50.977909, 10.322706. Falls Sie Karten oder Stadtpläne zur Hand haben, suchen Sie die Kreuzung der Clemdastraße mit der Uferstraße in Eisenach heraus.

Dort angekommen, finden Sie ein Backsteingebäude mit einem barocken Zwiebeltürmchen an der nordwestlichen Ecke des Hauses. An der Frontfassade befindet sich eine beinahe unscheinbare gelbe Infotafel, aus der hervorgeht, dass der erste deutsche Geodätentag 1872 gerade an dieser Stelle stattgefunden hat.

Ein Jahr zuvor wurde in Coburg der Deutsche Geometer-Verein gegründet, dessen Tradition die heutige DVW – Gesellschaft für Geodäsie, Geoinformation und Landmanagement weiterhin pflegt. Jährlich wird von ihr ein Geodätentag in Gestalt der Fachmesse Intergeo mit einer internationalen Ausrichtung veranstaltet. Allerdings findet sie mittlerweile nicht mehr in Eisenach statt, sondern in verschiedenen Städten der Bundesrepublik. Außerdem gibt es noch zwei Ableger-Messen: Intergeo East für Osteuropa (2004–2010) und Intergeo Eurasia, die zum ersten Mal im April 2014 in Istanbul stattfand.

Ohne Geodäten hätten wir heute Schwierigkeiten, unser Ziel, egal, ob mit Hilfe der alten oder der neuen Technologie, zu erreichen. Karten, GPS-Navigation und Informationen zur Erdoberfläche verdanken wir der umfangreichen Wissenschaft – der Geodäsie, die sich schon in der Antike eines großen Interesses erfreute. Im Allgemeinen beschäftigen sich die Geodäten mit der Vermessung, Ausmessung und Darstellung unseres Planeten.

Adresse Clemdastraße 2, 99817 Eisenach | Anfahrt A 4, Ausfahrt 40a, B 84 und B 19 bis zur Eisenbahn-Unterführung, weiter auf der Clemensstraße bis zur Clemdastraße auf der linken Seite | Tipp Wer sich für das Thema Geodäsie interessiert, findet westlich von Eisenach und nördlich von Obersuhl die Koordinate 51° Nord und 10° Ost. Solche ganzzahligen Koordinaten werden Konfluenzpunkte genannt. In Deutschland gibt es 44 von ihnen.

14 Das Jazzarchiv

Youtube in der Offline-Version

Nana Mouskouri war bereits vor Ort, Katja Ebstein und Gitte Haenning ebenfalls. Und Udo Lindenberg und Peter Maffay sowieso. Sie alle waren Ehrengast bei der jährlich stattfindenden Wartburg-Vesper im Wappensaal des Hotels auf der Wartburg. Diese wird regelmäßig von der Lippmann+Rau-Stiftung veranstaltet, die das gleichnamige Archiv für Jazz und populäre Musik unterhält.

Benannt wurde die Stiftung nach dem Eisenacher Jazzmusiker Horst Lippmann, der es fertigbrachte, in den 1960er Jahren internationale Stars des Jazz, Blues und Rock nach Deutschland zu holen. Gemeinsam mit dem Konzertveranstalter Fritz Rau gründete er ein Plattenlabel. Fritz Rau arbeitete mit den ganz Großen der Musikgeschichte zusammen, zu denen sich zweifellos Freddie Mercury, Jimi Hendrix, Madonna, Bob Dylan, Michael Jackson und viele andere zählen lassen.

Das Jazz-Archiv umfasst mittlerweile mehr als 80.000 Tonträger in Form von Schallplatten und Schellackplatten sowie fast ebenso viele Fotografien, Konzertplakate und Literatur zum Thema. Untergebracht sind die umfangreiche Musiksammlung und die Lippmann+Rau-Stiftung in der 1871 erbauten Alten Mälzerei, die heute als Industriedenkmal an die Zeit der Kaffeefabrik erinnert. Heute ist die Mälzerei neben dem Standort als Jazz-Archiv und als Industriemuseum auch Veranstaltungsort für die jährlich stattfindende Jazzmeile und beherbergt zudem in den Kellerräumen den Jazzclub Eisenach, der das ganze Jahr über ein interessantes Kulturprogramm bietet.

Das Ziel der Stiftung ist auch die Einrichtung eines Lippmann+Rau-Hauses im Stadtzentrum von Eisenach, möglicherweise in unmittelbarer Nachbarschaft zum Geburtshaus von Johann Sebastian Bach, der bekanntlich auch einem musikalischen Beruf nachging. Den mittlerweile verstorbenen Konzertveranstaltern Horst Lippmann und Fritz Rau würde das wohl gut gefallen.

Adresse Jazz-Archiv, Lippman+Rau-Stiftung, Palmental 1, 99817 Eisenach, Tel. 03691/211490, www.lippmann-rau-stiftung.de | **Anfahrt** A 4, Ausfahrt 40a, B 84 und B 19 bis zum Ortseingang, halb rechts halten in das Palmental | **Tipp** In unmittelbarer Nachbarschaft trifft der Mühlgraben an einem Wehr auf die Hörsel. Von dort sind es nur 200 Meter Fußweg entlang des Flusses, bis auch der Fluss Nesse in die Hörsel mündet.

15 Der Kunstpavillon

Perle der Architektur – auf den zweiten Blick

Man muss nicht alles schön finden, was unter Denkmalschutz steht. Bei einer Fahrt durch die Republik kommt man oft an Gebäuden vorbei, bei denen man sich klammheimlich die Abrissbirne herbeiwünscht. Möglicherweise ergeht es dem einen oder anderen Spaziergänger so, der auf der Wartburgallee in Eisenach wandelt und am dortigen Kunstpavillon vorbeischlendert.

Zwei gelbe Stelen ragen in den Himmel und kündigen den Kunstpavillon an. Sie wirken ein wenig in die Jahre gekommen, und man fragt sich unweigerlich, ob ein neuer Anstrich hier genügen würde. Vor der Kulisse von heimeligen Wohnhäusern erstreckt sich ein Flachbau mit einer breiten Fensterfront. Zwei Freitreppen führen zum Eingang des Baus, der mehr wie ein Autohaus wirkt als eine Ausstellungshalle.

Kein Wunder, das Gebäude wurde im Jahr 1967 errichtet und diente ursprünglich als Museumsgebäude für Fahrzeuge, die in Eisenach hergestellt wurden. Dazu zählten selbstverständlich die Marken Wartburg, Dixi, aber auch BMW, noch vor der Zeit der DDR. Die als Wartburgpavillon bekannt gewordene Ausstellungsfläche feierte nach gerade einmal zehn Jahren bereits eine Million Besucher. Ein Ende dieses Erfolgs folgte mit dem Untergang der DDR. Es stand zur Diskussion, das Gebäude abzureißen und durch ein Parkhaus zu ersetzen. Diese Planung wurde zwar nicht umgesetzt, doch stand die Halle mehr als ein Jahrzehnt leer und war dem Verfall ausgesetzt. Erst im Jahr 2013 wurde die Halle unter Denkmalschutz gestellt, mit der Begründung, dass es sich um ein Bauwerk der DDR-Architektur handele.

Lohnenswert ist auf jeden Fall ein Blick ins Innere. Fahrzeuge werden zwar keine mehr ausgestellt, doch beherbergt der Kunstpavillon heute eine Dauerausstellung und ist Veranstaltungsort für wechselnde Kunstausstellungen, Konzerte und Workshops. Daher ist es gut, dass die Abrissbirne nie zugeschlagen hat.

Adresse Kunstpavillon, Wartburgallee 47, 99817 Eisenach, Tel. 03691/724366, www.kunstpavillon.info | **Anfahrt** A 4, Ausfahrt 40a, B 84 und B 19 bis Eisenach-Zentrum. Der Kunstpavillon befindet sich an der B 19 auf der linken Seite, kurz hinter der Brauerei. | **Tipp** Im nahe gelegenen Reuterweg befindet sich das Reuter-Wagner-Museum mit der umfangreichsten Ausstellung zu Richard Wagner außerhalb von Bayreuth.

16_Opel

Tradition auf vier Rädern

Am Nordhang des Thüringer Waldes, im Westen von Eisenach, befindet sich eine Fabrik, die wie kaum eine andere in der Region für Tradition steht. Schon 1896 wurden die ersten Fabrikhallen in Betrieb genommen, und wenig später rollten die ersten Autos vom Band – der sogenannte Wartburg-Motorwagen. Wonach er benannt wurde, ist natürlich offensichtlich. Satte 5 PS beschleunigten den Wagen auf eine Spitzengeschwindigkeit von 40 Stundenkilometer. 250 dieser Fahrzeuge wurden gebaut, bevor man die nächste Fahrzeuggeneration auf den Namen Dixi taufte.

Die Dixi-Wagen waren schon eine deutliche Spur größer und galten als repräsentativ. Man würde sie heute wohl im oberen Mittelklassesegment ansiedeln. Nur unterbrochen vom Ersten Weltkrieg baute man Dixis bis zur Weltwirtschaftskrise, dann übernahmen die Bayerischen Motorenwerke das Unternehmen und ließen bis zum Zweiten Weltkrieg einen BMW nach dem nächsten bauen. Im Jahr 1955 folgte schließlich der erste Wartburg der DDR, Typ 311. Über 1,8 Millionen Fahrzeuge verließen das Eisenacher Werk von seiner Gründung bis zum Ende der DDR. Weit über die Hälfte davon waren das Wartburg-Modell 353 beziehungsweise 353 W, das von 1966 bis 1988 hier gebaut wurde.

Zwei Tage nach der deutschen Wiedervereinigung wurde im einstigen Automobilwerk eine Fertigungsstraße des Autobauers Opel feierlich eröffnet. Rund 1.900 Mitarbeiter, übrigens fast genauso viele wie fast ein Jahrhundert zuvor, fertigten im damals modernsten Automobilwerk Europas den Opel Astra und Corsa. Sogar Helmut Kohl und Bill Clinton besuchten das Werk in den 90er Jahren. Seit 2013 entsteht in Eisenach der kleine Stadtflitzer Adam, benannt nach Adam Opel. Über die Werksgeschichte informiert die »automobile welt eisenach« am alten Standort des Werks, doch auch das moderne Opelwerk lässt sich im Rahmen einer sehenswerten Führung besichtigen.

Adresse Adam Opel Werk Eisenach, Adam-Opel-Straße 100, 99817 Eisenach, Tel. 03691/663131, www.opel.de | **Anfahrt** A 4, Ausfahrt Eisenach-West, B 19 bis Ausfahrt 39a, B 84 bis Stedtfelder Straße und dann rechts bis Nicolaus-Otto-Straße, dort links und im Kreisverkehr die erste | **Tipp** Eine Werksbesichtigung ist nach Voranmeldung möglich. Auf der zweistündigen Tour, die jeweils werktags um 11 und um 14 Uhr beginnt, sieht man den Lauf der Bleche bis hin zur Endmontage.

17 Der Rasthof

Sind wir gleich da?

Der Geruch von Benzin liegt in der Luft. Von der Seite tönt ein unaufhörliches Rauschen von zügig vorbeiziehenden Autos und Lkws. Ein Rasthof ist kein Ort, wo man länger als nötig verweilen möchte. Schnell den Tank auffüllen, noch einen Schokoriegel aus der Auslage, ein kurzer Gang zur Toilette, und dann wieder zurück auf die Autobahn, um weiter seinem eigentlichen Ziel entgegenzusteuern. Den meisten Reisenden wird es am Rasthof Eisenach an der Autobahn 4 nicht anders ergehen. Doch wer genau hinschaut, wird schnell merken, dass es hier am nördlichen Rand des Thüringer Waldes ein wenig anders aussieht als auf anderen bundesdeutschen Rastplätzen.

Die erste Besonderheit ist die Tatsache, dass es hier zwei Tankstellen gibt, die sich beide auf derselben Seite der Autobahn befinden – nämlich auf der nördlichen. Wer also von Bad Hersfeld in Richtung Erfurt unterwegs ist, unterquert nach der Abfahrt zunächst die Autobahn, um eine kleine Pause einlegen zu können.

Beim Einschwenken auf den Parkplatz folgt schließlich das Gefühl, eine Zeitreise zu machen. Hohe Scheinwerfermasten sowie ein Raststättengebäude im Plattenbaustil bestimmen das Bild, und ein Wachturm der DDR-Grenzer erinnert an zum Glück vergangene Zeiten. Der Rasthof war die Grenzübergangsstelle Wartha/Herleshausen und befand sich auf dem Gebiet der DDR. Im nordwestlichen Bereich befindet sich noch heute die Zollstelle für Lkw-Fahrer. In dem kleinen Bau musste sich bis 1989 jeder, der in die DDR einreisen wollte, sein Visum abholen. Danach folgte die Abfertigung und Kontrolle des Fahrzeugs, die von den meisten Reisenden als Schikane empfunden wurde.

Angesichts dessen, was man damals als Reisender erlebte, stört der Geruch von Benzin nun nicht mehr, und man ist gerne bereit, auch ein paar Minuten länger zu bleiben, um sich die Relikte der Vergangenheit anzuschauen – denn heute kann man glücklicherweise einfach weiterfahren, wann man möchte.

Adresse Rasthof Eisenach, Autobahn 4 | **Anfahrt** A 4 bis Rasthof Eisenach, zwischen den Ausfahrten Eisenach-West und Herleshausen | **Tipp** Auf »ehemaliger Ostseite« liegt der kleine Ort Krauthausen in unmittelbarer Nähe. Die Glocken in der dortigen Dorfkirche werden noch manuell geläutet.

18 Das schmale Haus

Haus auf Diät

»Wenn die Dame mal aus dem Weg gehen würde, dann könnte ich das Haus komplett fotografieren« – wenn man am Eisenacher Johannisplatz solche Bitten hört, dann hängt das weniger mit einer möglichen Übergröße besagter Dame zusammen als mehr mit der Tatsache, dass das gewünschte Fotomotiv schlicht sehr schmal ist. Es ist nämlich gerade einmal zwei Meter breit. Und fünf Zentimeter. Die sollte man bei der ohnehin schon geringen Breite nicht noch unterschlagen. Vielleicht sollte man an dieser Stelle auch erwähnen, dass die Grundmauern von Eisenachs Wahrzeichen, der Wartburg, bis zu vier Meter dick sind – also rund doppelt so dick wie das schmale Haus breit ist.

Wer dieses schmale Haus gebaut hat, ist unklar. Fragen kann man auch niemanden mehr, denn das Alter des Gebäudes wird auf rund 250 Jahre geschätzt. Es gibt Archivaufnahmen aus dem Jahr 1900, auf dem das Haus frei stehend zu sehen ist. Allerdings hatte es damals noch eine ganz andere Fassade und musste zudem gestützt werden. Heute ist keine Stütze mehr notwendig, denn das Gebäude ist zwischen zwei hohen Bürgerhäusern eingeklemmt, die im Jahr 1903 fertiggestellt wurden und heute einen Spielzeugladen und eine Boutique beherbergen. Wer hastig vorbeieilt, wird gar nicht merken, dass es sich um ein weiteres Haus handelt. Damals gab es einen erbitterten Streit zwischen dem Eigentümer und der Stadtverwaltung, die den Abriss des schmalen Hauses forderte. Zum Glück gewann der widerspenstige Besitzer. Denn so kann man heute durch die zweiflügelige Tür, was angesichts der Hausbreite besonders erwähnt werden darf, das Gebäude betreten und über eine schmale Treppe in das obere Stockwerk gelangen. Der jetzige Besitzer des Hauses erwarb es zu DDR-Zeiten und renovierte es, um es vor dem erneuten Plan, es abzureißen, zu bewahren. Nach Voranmeldung lädt er Besucher auch gerne ins Haus ein, in dem eine Ausstellung von Bildern, Keramiken und – wer hätte es gedacht – Kleinplastiken zu sehen ist.

Adresse Schmales Haus, Johannisplatz 9, 99817 Eisenach, Tel. 03691/210999 | Anfahrt B 19, bis ins Zentrum von Eisenach, am besten direkt auf der Wartburgallee parken und zu Fuß in die parallel verlaufende Johannisstraße | Tipp Wer vor dem schmalen Haus steht, sollte gleich mal rechts vom Haus die Straße ein Stück weitergehen. Nach rund 200 Metern folgt der Frauenplan, auf dem das Johann-Sebastian-Bach-Denkmal steht.

19 Der Schwarze Brunnen

Das Unglück von Eisenach

Wir schreiben das Jahr 1810. Argentinien löst sich aus der Abhängigkeit Spaniens, die Konservendose wird patentiert, und bei Rom kommt Vincenzo Gioacchino Pecci zur Welt, der später Papst Leo XIII. sein wird. Durch das heutige Thüringen ziehen den ganzen Sommer hindurch mindestens jede Woche 30 bis 40 Pferdefuhrwerke der napoleonischen Truppen gen Westen. Beladen sind sie meistens mit Kanonen, Patronen und Granaten.

Der erste September war ein gewöhnlicher Spätsommertag, der langsam seinem Ende entgegenging. Die Sonne war gerade hinter dem westlichen Horizont verschwunden, und die Dunkelheit brach herein. Die Menschen in Eisenach verbrachten den Abend in der Familie oder mit Freunden in ihren Häusern. Andere waren noch unterwegs, auf dem Weg nach Hause, als einer dieser Transporte wieder einmal die Altstadt von Eisenach durchquerte und einer der Wagen plötzlich und vermutlich durch Funkenflug eine Kettenreaktion auslöste, die zu einer verheerenden Katastrophe führte. Die ersten drei Fahrzeuge der Kolonne explodierten mit einer ungeheuren Wucht, die im selben Augenblick zwei Dutzend Häuser in Brand steckte und viele weitere Gebäude beschädigte.

Viele Häuser stürzten ein und begruben ihre Einwohner unter sich. Die Druckwelle fegte durch die Gassen der Eisenacher Altstadt, und den Blitz der Explosion soll man sogar noch in Gotha gesehen haben. Nur weil die letzten zehn Wagen der Kolonne aufgehalten wurden und weiter zurücklagen, ist es nicht zu einer noch größeren Katastrophe gekommen. Diese allein reichte schon, denn 68 Menschen fanden dabei den Tod, und viele weitere wurden schwer verletzt.

In der Folge trafen aus ganz Europa Spenden ein, um den Wiederaufbau zu finanzieren. An der Unglücksstelle wurde im Jahr 1817 der Schwarze Brunnen errichtet, der zusammen mit einer Gedenktafel an die Schießpulverexplosion von Eisenach erinnert.

Adresse Georgenstraße, Ecke Alexanderstraße, 99817 Eisenach | Anfahrt A 4, Ausfahrt 7, Eisenach-West, B 84 bis zur Eisenbahnbrücke in Eisenach, weiter auf Kasseler Straße und Katharinenstraße | Tipp Ein Stück hinter dem Schwarzen Brunnen geht es zur Georgenkirche, in der Johann Sebastian Bach getauft wurde und Martin Luther predigte. Gleich dahinter steht das ehemalige Wohnhaus Luthers.

20 Das Sparkassenmuseum

Wo Dagobert Duck seine Freude hätte

Den Danziger Gulden oder die Deutsch-Ostafrikanische Rupie gibt es im Sparkassenmuseum nicht zu sehen. Genauso wenig wie den Margarethengroschen oder den Sachsenpfennig. Für die Besichtigung dieser historischen Währungen und Münzen ist man in Eisenach leider falsch. Ein bisschen mehr Glück hat man mit der Reichsmark und der D-Mark. Aber auch diese befinden sich lediglich auf Informationstafeln, ganz nach dem Motto: Nur anschauen, nicht anfassen.

Dennoch, das Sparkassenmuseum ist einen Besuch wert, um in der Sprache von Finanzberatern zu bleiben. Im September 2015 feiert die kleine Ausstellung in der Filiale an der Straße Rennbahn ihr zehnjähriges Jubiläum. Dabei haben die damaligen Mitarbeiter ganz ehrenamtlich Überstunden geleistet, um das Projekt in die Wege zu leiten. In der gesamten Wartburgregion wurden die Keller der Sparkassenfilialen entstaubt, sortiert und entrümpelt. Dabei kamen drei Tonnen an Material zusammen, die in ihrer Gesamtheit einen schönen Einblick in die Geschichte der Wartburg-Sparkasse geben.

Geblieben ist davon jedoch nur ein Bruchteil, in der Sprache der Banker auch 10 Prozent genannt. Das Museum unterteilt sich in drei Ausstellungsbereiche, von denen nur einer öffentlich begehbar ist. Er zeigt auf acht interessanten Schautafeln die Geschichte der Wartburger Sparkasse, die im Jahr 1822 ihren Anfang nahm. Im zweiten Bereich, den man allerdings nur nach Voranmeldung betreten kann, gibt es unter anderem zwei historische Sparkassenschalter zu sehen. Außerdem zeigt die Ausstellung weitere Exponate, die das Finanzwesen der DDR beleuchten, sowie Rechenmaschinen, bei denen die Internetgeneration erst einmal googeln müsste, wie diese zu bedienen sind. Mit Schaustücken aus der Zeit der Euro-Umstellung schließt die Sammlung. Lediglich Bargeld, das gibt es auch in diesem Gebäude nur am Schalter oder am Automaten zu sehen.

Adresse Wartburg-Sparkasse, Sparkassenmuseum im Sparkassendienstleistungszentrum, Rennbahn 6, 99817 Eisenach, Tel. 03691/6857213, www.wartburg-sparkasse.de | **Anfahrt** A 4, Ausfahrt 40a, B 84 und B 19 bis zur Eisenbahn-Unterführung, weiter auf der Clemensstraße bis zur Sparkasse auf der rechten Seite | **Öffnungszeiten** während der Öffnungszeiten der Sparkassenfiliale | **Tipp** Nur wenige Schritte sind es vom Sparkassenmuseum bis zur automobilen welt eisenach, in der zahlreiche historische Fahrzeuge untergebracht sind.

21 Die Straßenbahn

Wo einst die Tram verkehrte

An der Ecke Sommerstraße und Uferstraße in Eisenach befinden sich ein Büro der Deutschen Rentenversicherung und gegenüber ein Parkhaus. Im Norden wird die Kreuzung von dem idyllischen Mühlgraben und einem Busparkplatz begrenzt. Wer genauer hinsieht, wird das Parkhaus plötzlich interessant finden – bestehend aus seinen grün gestrichenen Außenwänden.

Doch im Erdgeschoss locken fünf Informationstafeln zum Näherkommen und berichten über die Zeit, als in Eisenach noch die Straßenbahn fuhr. Die begann im August des Jahres 1897, als das erste Straßenbahndepot in der Helenenstraße eröffnet wurde. Die erste Straßenbahnlinie führte vom Hauptbahnhof über den Karlsplatz bis zum Annatal und war gerade einmal etwas über drei Kilometer lang, wofür die Triebwagen 16 Minuten Fahrzeit benötigten. Bis zu den Jahren der Weltwirtschaftskrise fuhr die Straßenbahn ohne Unterbrechung, musste aber dann 1922 wegen der Inflation für fast zwei Jahre eingestellt werden. Nach der Wiederaufnahme zog die Wagenhalle von der Helenenstraße in die Sommerstraße – an den Ort, wo heute das Parkhaus steht. Gleichzeitig wurden mittlerweile fünf Straßenbahnlinien bedient.

In den letzten Monaten des Zweiten Weltkriegs wurden Teile der Halle durch Bombentreffer beschädigt und der Straßenbahnbetrieb erneut vorläufig eingestellt. Der Wiederaufbau der Halle zog sich bis in die Mitte der 1960er Jahre hin. Gleichzeitig verkehrten gerade einmal zwei Linien auf Eisenacher Stadtgebiet, die zusammen nur sechs Kilometer lang waren. Im Jahr 1975 verschwanden die Straßenbahnen komplett aus dem Stadtbild Eisenachs. Geblieben ist vorläufig die Wagenhalle, bis auch sie dem Parkhaus wich. Doch links neben dem Zugang erinnert man noch heute an die Zeit der Eisenacher Straßenbahn. Im Boden sind zwei alte Gleise verblieben, die an der Fassade darüber durchnummeriert sind, gleich so, als ob die Straßenbahnen dort noch ein- und ausfahren würden.

Adresse Sommerstraße, Ecke Uferstraße, 99817 Eisenach | **Anfahrt** B 19, bis Eisenach-Zentrum, an der Bahnunterführung in die Schillerstraße, gleich rechts in die Uferstraße, das Parkhaus befindet sich auf der linken Seite | **Tipp** Die Sommerstraße mündet in die Nicolaistraße, und auf dieser gelangt man zum 300 Meter entfernten Karlsplatz. Vor dem dortigen Nikolaitor, dem ehemaligen Stadttor, befindet sich noch das alte Gleisdreieck der Straßenbahn.

22 Das Tor zum Rennsteig

Aller Anfang ist schwer

Hier nimmt er also seinen Anfang, der legendäre Wanderweg namens Rennsteig, der sich einmal über den Höhenzug des Thüringer Waldes zieht und zahlreiche Wanderer anlockt. Vom schlichten Parkplatz aus überquert man zunächst über eine kleine Brücke die Hörsel, die keine hundert Meter entfernt in die Werra mündet. Damit nimmt der Fluss nach über 55 Kilometern hier sein Ende. Wie passend, dass nur wenige Meter von seinem Ende etwas Neues beginnt. Gleich hinter der Brücke blickt man auf die Gaststätte mit dem klangvollen Namen Tor zum Rennsteig. Aus dem Inneren strömen leckere Düfte nach draußen. Da will man doch glatt erst einmal einkehren, bevor man in die Wanderschuhe schlüpft und dem Rennsteig folgt.

Gleich hinter dem Gasthaus gelangt man nach rechts in einen Innenhof. Der Duft von frischen Thüringer Klößen weicht dem intensiven Duft von Linden, die den Innenhof prägen. Irgendwo öffnet sich eine Tür, und ein verschlafener junger Mann wünscht murmelnd einen guten Morgen. Das Tor zum Rennsteig ist nicht nur Ausgangspunkt für den Fernwanderweg und ein Gasthof, sondern auch eine Pension. Zehn Doppelzimmer, zwei Einzelzimmer, ein Viebettzimmer und eine Ferienwohnung bieten allen erdenklichen Komfort. Vermutlich wünscht man sich am Ende des ersten Rennsteig-Wandertags in eines der gemütlichen Betten zurück.

Der Ausgangspunkt für die Wanderung befindet sich aber noch hinter dem Innenhof. Ein typischer Zwiesel, wie man die Wegbeschilderung hier nennt, steht am Ufer der Werra und ist mit unzähligen ausgelatschten Wanderschuhen geschmückt. Vermutlich schließt sich hier für emsige Wanderer der Kreis. Kein Wunder, wenn dann so ein idyllischer Rasthof auf einen wartet. Übrigens muss man hier auch nicht nur wandern. Es werden als Alternative auch Kanus inklusive Schnupperkurs vermietet, in denen man auf der Werra stromabwärts paddeln kann.

Adresse Gaststätte und Pension Tor zum Rennsteig, Unterstraße 2–4, 99817 Eisenach, Tel. 036928/90605, www.rennsteig-beginn.de | Anfahrt A 4, Ausfahrt 38 (Herleshausen), L 3251 und L 1017 weiter parallel zur Autobahn bis Hörschel | Tipp Neben der Einkehr in der Gaststätte besteht auch die Möglichkeit, einen Blick auf die Mündung der Hörsel in die Werra zu werfen. Hierfür auf der Rennsteigstraße über die Hörselbrücke und dann sofort links in die Spichraer Straße bis zur Bahnbrücke.

23 Das Feriendorf Auenland

Reise nach Mittelerde

Die Hobbits Bilbo und Frodo Beutlin sind die nur allzu bekannten Einwohner von Hobbingen, einer Siedlung in Mittelerde. Bekannt wurden Mittelerde und seine Bewohner durch den englischen Schriftsteller J.R.R. Tolkien, der diese Welt mit seinen Romanen »Der Hobbit« und »Der Herr der Ringe« geschaffen hat. Große Popularität erhielten die Romane durch die Verfilmung von Peter Jackson Anfang des 21. Jahrhunderts. Die Filmreihe wurde mit 17 Oscars ausgezeichnet und gilt als erfolgreichste Filmtrilogie aller Zeiten. Kein Wunder, dass sich viele Fans zu den sagenhaften Orten in Mittelerde, die in den Filmen so malerisch wirken, wünschten. Einige von ihnen reisten dafür auf die Südhalbkugel nach Neuseeland, wo der Film gedreht wurde und man sich auf die Suche nach Hobbingen machen konnte.

Doch so eine weite Reise wäre gar nicht notwendig gewesen. Ein Stopp in Waffenrod nördlich von Eisfeld hätte gereicht. Denn dort befindet sich das Feriendorf Auenland, in dem man in einem von acht Erdhäusern nächtigen kann. Diese Erdhäuser bieten eine urig-komfortable Atmosphäre und haben nicht rein zufällig große Ähnlichkeit mit den Hobbithäusern, die man von der Leinwand kennt. Zwei bis vier Personen finden in einem Erdhaus Platz, das auf seinen 45 Quadratmetern neben einem Schlafraum, einem Wohnraum und einem Bad auch noch eine kleine Terrasse mit Aussicht auf das Feriendorf bietet.

Dieses besteht nämlich nicht nur aus den acht Hobbithäusern, sondern beherbergt zudem ein Restaurant, einen großen Abenteuerspielplatz, der auch als Grünes Klassenzimmer genutzt wird, und eine Sommerrodelbahn. Die über 400 Meter lange Rodelstrecke kann zu den Öffnungszeiten selbstverständlich von jedermann befahren werden. Hierfür muss man nicht im Hobbithaus übernachten. Aber empfehlenswert ist es schon, wenn man auf den Spuren von Frodo Beutlin wandern möchte – in Hobbingen im Thüringer Wald.

Adresse Feriendorf Auenland, Zum Burgberg 1, 98673 Eisfeld, Tel. 03686/618900, www.feriendorf-auenland.de | **Anfahrt** A 73, Ausfahrt 5 (Eisfeld-Nord), weiter Richtung Eisfeld, im Kreisverkehr die dritte Ausfahrt, die B 281 bereits nach zwei Kilometern wieder verlassen, L 2053 bis Waffenrod, dort rechts zum Feriendorf | **Tipp** Im Zentrum von Eisfeld befindet sich das gleichnamige Schloss, das zu einem kleinen Spaziergang zur Dichtergedenkstätte im romantischen Otto-Ludwig-Garten einlädt.

24 Die Totenbrücke

Der letzte Gang über die Brücke

Die Ortschaft Finsterbergen südlich von Friedrichroda hat es nicht leicht. Da wäre zum Beispiel die abgelegene Lage. Das muss nicht schlecht sein, ganz im Gegenteil. Der Campingplatz am Valentinsteich bietet mangels Durchgangsverkehr eine herrliche Ruhe. Doch zunächst einmal muss man den Ort erreichen. Und mit dem Auto geht das nur über die kleine Kreisstraße 9, die zwischen Friedrichroda und Georgenthal abzweigt und in den kleinen Talkessel führt, in dem sich Finsterbergen ausbreitet.

Auch der Name Finsterbergen drückt nicht gerade Zuversicht und Freude aus. Erstmalig erwähnt wurde der Ort bereits im 12. Jahrhundert, also im finsteren Mittelalter. Und wer weiß, wie die bewaldeten Berge rund um den Ort auf die ersten Siedler gewirkt haben. Heute ist Finsterbergen auf jeden Fall ein beliebter und zu Recht gut besuchter Kurort, in dessen Mitte die Dreifaltigkeitskirche steht. Und damit kommen wir zum nächsten Punkt, der es den Finsterbergern sicher nicht leicht machte. Zumindest in der Vergangenheit. Bis zur Errichtung der Kirche gab es nämlich kein Gotteshaus in Finsterbergen, was dazu führte, dass man für sakrale Angelegenheiten zur St.-Johannis-Kirche nach Altenberg ging. Das galt auch für Beerdigungen. Der damals letzte Weg eines Verstorbenen war damit ein weiter.

Die Trauernden mussten mit dem Sarg die Leina überqueren und rund drei Kilometer durch den Wald gehen, um den Nachbarort zu erreichen. Kein Wunder, dass der Pfad den Namen Totenweg erhielt, heute besser bekannt als Kirchweg. Doch im Tal der Leina ist noch heute ein Relikt aus dieser Zeit zu sehen. Die Totenbrücke ist eine kleine rundbogige Steinbrücke und erinnert mit ihrem Namen an die Beerdigungsmärsche vergangener Tage. Heute hilft die historische Brücke Wanderern, die Leina zu überqueren, damit diese die gar nicht so finstere Landschaft rund um Finsterbergen entdecken können.

Adresse Leinagrund, 99894 Finsterbergen | **Anfahrt** A 4, Ausfahrt 42, B 247 bis Ohrdruf, B 88 bis Engelsbach, dort links auf die K 9, kurz vor dem Ortseingang Finsterbergen halb links halten | **Tipp** Oberhalb von Finsterbergen lässt sich die Ortschaft bei einer Wanderung schön umrunden. Besonders im südlichen Bereich in der Nähe der Totenbrücke hat man dabei schöne Ausblicke auf den Talkessel.

25 Der Leuchtturm in Thüringen

Vorbereitet für die Sintflut

93 aktive Leuchttürme zählt die deutsche Küste zwischen dem Dollart an der niederländischen Grenze bis zum Peenemünder Leuchtfeuer in der Pommerschen Bucht. Davon befinden sich 55 Leuchttürme an der Nordsee und die übrigen 38 Lichtzeichen an der Ostseeküste von Schleswig-Holstein und Mecklenburg-Vorpommern.

Außerdem gibt es je einen Leuchtturm in Köln und in Sachsen. Der berühmteste deutsche Leuchtturm, der sich nicht an der Küste befindet, dürfte vermutlich der Turm an der Hafeneinfahrt Lindaus sein. Er leuchtet den Schiffen auf dem Bodensee den Weg. Und selbst in der angrenzenden Schweiz, die nicht gerade als Seefahrernation bekannt ist, steht in über 2.000 Metern Höhe auf dem Oberalppass ein funktionierender Leuchtturm. Dieser dient als Symbol für die nahe gelegene Rheinquelle und ist ein Zwilling des Leuchtturms an der niederländischen Rheinmündung.

Warum dann nicht auch ein Leuchtturm im Thüringer Wald? Und den gibt es tatsächlich. In Frankenblick, nördlich von Sonneberg, erhebt sich ein rund fünf Meter hoher Leuchtturm in klassischen rotweißen Farben direkt neben der Bundesstraße. Und er funktioniert, wie ein Blinklicht in seiner Spitze beweist. Aufgestellt wurde er von der Stahlbaufirma S+R, die ihn als Wahrzeichen produziert und auf ihrem Firmengelände errichtet hat. Die Firma wurde im Jahr 1993 gegründet und konnte sich rund ein Jahrzehnt später sogar mit einem Tochterunternehmen in Tschechien erweitern. Heute hat das Unternehmen nicht nur über 60 Mitarbeiter, sondern engagiert sich auch gemeinnützig bei vielen Vereinen in der Region. Dem Leuchtturm sieht man kaum an, dass er sich auf einem Firmengelände befindet, denn gleich daneben lockt ein gemütlicher Picknickplatz auf einer grünen Wiese, und damit zumindest etwas Wasser in der Nähe ist, erstreckt sich ein kleiner Teich neben dem Turm.

Adresse S+R Stahlbau, Sonneberger Straße 205, 96528 Frankenblick, Ortsteil Effelder, Tel. 036766/2770, www.sr-stahlbau.de | **Anfahrt** A 73, Ausfahrt 5 (Eisfeld-Nord), Richtung Eisfeld, im Kreisverkehr erste Ausfahrt auf die B 281, weiter auf B 89 in Richtung Sonneberg. In Effelder ist der Leuchtturm auf der linken Seite zu sehen. | **Tipp** Auf dem Dorfplatz von Effelder befindet sich, ähnlich wie in Sachsenbrunn, eine Tanzlinde. Sie wurde zu Beginn des 18. Jahrhunderts gepflanzt.

26_Das Bunkermuseum

Wo die Stasi sich verstecken wollte

Auferstanden aus Ruinen – so stellte man sich beim Ministerium für Staatssicherheit vermutlich nicht nur die Vergangenheit, sondern auch die Zukunft vor, falls der Kalte Krieg zu einem Heißen Krieg geworden wäre. In allen Bezirken der DDR wurden unterirdische Bunker errichtet, die im Ernstfall dazu dienen sollten, eine größere Anzahl von hauptamtlichen Stasi-Mitarbeitern zu schützen. Zwei dieser Bunker existieren noch heute, unter anderem der Bunker in Allzunah, einem Ortsteil von Frauenwald.

Errichtet wurde diese Bunkeranlage in den 1970er Jahren unter der Tarnbezeichnung Trachtenfest. Der Bunker wurde mit der damals modernsten Nachrichtentechnik ausgestattet und besaß sogar eine eigene Stromversorgung. 130 Personen der Bezirkseinsatzleitung Suhl hätten in der Ausweichführungsstelle Platz gehabt, wenn sich über ihnen Atompilze aus dem feindlichen Westen ausgebreitet hätten. Rund eine Woche lang hätten sie in ihrem Bunker einen Atomkrieg überstehen können. Ohne eine atomare Katastrophe wäre das Überleben im Bunker für rund ein Jahr gesichert gewesen, ohne dass jemand einen Fuß vor die stählerne Tür hätte setzen müssen.

So versuchte also die Stasi, sich vor dem Feind aus dem imperialistischen Ausland zu schützen. Nur vor dem eigenen Volk konnte man sich irgendwann nicht mehr verschanzen, was dazu führte, dass die Bunkeranlage im Herbst 1989 ihre Funktion verlor und viele Einrichtungen demontiert wurden. Seit dem Jahr 2004 ist die militärische Anlage für die Öffentlichkeit als Bunkermuseum zugänglich und kann im Rahmen einer Führung besichtigt werden. Wer es besonders ungewöhnlich mag, der kann sogar mit einer Gruppe eine Nacht im Bunker verbringen. Bei dem umfangreichen Programm schläft man in dreistöckigen Kasernenbetten, erhält eine kurze Grundausbildung und kommt in den Genuss eines aufregenden Bunkererlebnisses. Am nächsten Morgen heißt es dann »Auferstanden aus dem Bunker«, wenn man sein Frühstück im dazugehörigen Hotel einnimmt.

Adresse Bunkermuseum Waldhotel Rennsteighöhe, Am Rothenberg 1, 98711 Frauenwald, Tel. 036782/62200, www.waldhotel-rennsteighoehe.de | **Anfahrt** A 73, Ausfahrt 4 (Schleusingen), Landstraße durch Nahetal bis Schmiedefeld, L 1141 bis zum Bunkermuseum | **Öffnungszeiten** stündlich stattfindende Führungen, Mitte April–Anfang Nov. täglich 10–17 Uhr, sonst Mo–Fr 11, 14 und 15 Uhr, Sa und So 10–16 Uhr | **Tipp** Das angeschlossene Waldhotel beherbergt nicht nur ein Ausflugsrestaurant, sondern ist auch Treffpunkt für Wildtierbeobachtungen in der näheren Umgebung.

27 Das Possenröder Kreuz

Keiner weiß, wo es herkommt

Der Thüringer Wald – ein Hort von Meuchelmördern, Gewalttätern und Wegelagerern. So hätte es wohl vor vielen Jahrhunderten in der einschlägigen Reiseliteratur gestanden, und man hätte sicherlich davor gewarnt, sich hierherzubegeben. Zumindest könnte man das meinen, wenn man sich mit den Sagen und Legenden zum Possenröder Kreuz befasst.

Doch bleiben wir zunächst einmal bei den Fakten. Das Possenröder Kreuz ist ein in Stein gehauenes Malteserkreuz an der Kreuzung eines Waldwegs mit dem Rennsteig. Es befindet sich kurz vor dem 41. Kilometer des legendären Fernwanderwegs. Würden die Ortschaften Brotterode, Finsterbergen, Kleinschmalkalden und Tambach-Dietharz ein Rechteck bilden, wäre das Possenröder Kreuz ungefähr der Mittelpunkt. Doch eine rein geografische Bedeutung hat das Kreuz wohl nicht. Vermutlich, aber sicher kann einem das niemand sagen, denn keiner weiß, warum das Kreuz dort steht und seit wann.

Gerne wird im Volksmund die Legende vom Postkutschenfahrer weitergegeben. Dieser habe den Thüringer Wald an der Stelle durchquert und sei von Banditen ermordet worden. Ganz so abwegig ist die Vermutung nicht, denn früher wurden Post und Waren mit Fuhrwerken über die Höhen des Mittelgebirges transportiert, und die Wege waren bei Weitem nicht so gut ausgebaut wie heute. Es war keine Seltenheit, dass solche Transportwege zu Tatorten wurden. Doch es gibt natürlich Thüringer, die ihren Wald nicht in diesem schlechten Licht sehen möchten und sich an einer anderen Theorie versucht haben. Demnach sollen Benediktinermönche aus Reinhardsbrunn das Kreuz aufgestellt haben, um an ihre Existenz zu erinnern. Diese war vor Jahrhunderten stark gefährdet, als die Mönche aus den umliegenden Wäldern vertrieben wurden. Warum auch immer dieses Kreuz aufgestellt wurde, es bietet Anlass zu Spekulationen, die man in der benachbarten Picknickhütte ausgiebig diskutieren kann.

Adresse Rennsteig 1, 99894 Friedrichroda | **Anfahrt** A 4, Ausfahrt 41b, auf L 1026 durch Friedrichroda in Richtung Kleinschmalkalden, am Berggasthof Heuberghaus parken und weiter zu Fuß auf dem Rennsteig in Richtung Oberhof | **Tipp** Im Berggasthof Heuberghaus oder im nahe gelegenen Berggasthof Spießberghaus besteht die Möglichkeit, seine kleine Wanderung zum Possenröder Kreuz mit einer Einkehr zu belohnen.

28 Der Große Beerberg

Der höchste Punkt des Landes

Zu den Orten, die man im Thüringer Wald unbedingt gesehen haben sollte, gehört der Große Beerberg auf jeden Fall dazu. Er ist 982 Meter hoch und damit die höchste natürliche Erhebung des Thüringer Waldes. Das macht den Großen Beerberg zu einem der 16 Summits, wie die höchsten Punkte eines jeden Bundeslandes auf Neudeutsch genannt werden und die man im Laufe einer Deutschlandreise erobern kann. Immerhin steht er auf dieser Liste in Sachen Höhe an fünfter Position. Vor ihm befinden sich nur die bayerische Zugspitze, der Feldberg in Baden-Württemberg sowie der sächsische Fichtelberg und natürlich der Brocken im Harz. Letzterer kann übrigens bei guter Sicht vom Thüringer Wald aus gesehen werden.

Bei den 16 Summits steht der Große Beerberg auf Platz 1, wenn man nur die Berge berücksichtigt, die niedriger als 1.000 Meter sind. Denn der Wurmberg in Niedersachsen, direkt neben dem Brocken im Harz, ist elf Meter kleiner, und die Wasserkuppe in der hessischen Rhön bringt es nur auf 950 Meter. Der Vollständigkeit halber sei gesagt, dass auf fast allen anderen der 16 Summits ein Gipfelkreuz steht – sogar in Hamburg. Das vermeintlich flache Bundesland bringt es mit dem Hasselbrack immerhin auf eine Höhe von 116 Metern. Nur der höchste Punkt von Bremen liegt mit 32 Metern achtlos in einer städtischen Grünanlage.

15 dieser Gipfel lassen sich, mal bequem, mal mühsam, zu Fuß erreichen – selbst die Zugspitze als höchster Berg Deutschlands. Doch ausgerechnet die Spitze des Großen Beerbergs darf nicht betreten werden. Denn dort befindet sich eines der letzten Hochmoore des Thüringer Waldes, das als Teil eines Biosphärenreservates folgerichtig geschützt ist. Man muss ja auch nicht überallhin. Als kleine Entschädigung für den entgangenen Gipfelpunkt wartet aber dafür etwas unterhalb der Kuppe die Plattform Plänckners Aussicht. Mit einem wunderbaren Weitblick in Richtung Westen belohnt sie alle Wanderer und gilt damit als das Ersatzziel aller Gipfeltouristen.

Adresse Großer Beerberg, 98559 Gehlberg | **Anfahrt** A 71, Ausfahrt 18 (Oberhof), im Kreisverkehr rechts, kurz vor Oberhof auf die L 1129 bis zu den Wanderparkplätzen | **Tipp** Nehmen Sie ein Fernglas mit, um die Fernsicht von der Pläncknens Aussicht über Suhl hinweg zu genießen. Außerdem ist eine ideale Wanderkombination mit dem Schneekopf möglich.

29 Klettern auf 1.000 Metern

Hoch hinaus

Der Große Beerberg ist der höchste Berg im Thüringer Wald und damit im gesamten Bundesland Thüringen. Der Große Inselsberg ist kleiner, jedoch mit seiner markanten Form und den darauf befindlichen Gebäuden weithin erkennbar und bekannter. Der Schneekopf hingegen hat eine ganz andere Besonderheit, denn er ermöglicht es, dass man sich aus eigener Kraft auf eine Höhe von 1.000 Metern begeben kann.

Der Gipfel des Schneekopfs liegt nur eineinhalb Kilometer vom höchsten Berg Thüringens entfernt. Beide Orte können bequem zu Fuß erreicht werden, immerhin liegt genau zwischen ihnen der dazugehörige Parkplatz und ein kleiner Bergsattel, der keine 60 Meter niedriger ist als die beiden Gipfel, die sich nur um fünf Höhenmeter unterscheiden.

Schon im Jahr 1852 stand auf dem Schneekopf ein steinerner Aussichtsturm, der es den Besuchern und Wanderern ermöglichte, eine Höhe von 1.000 Metern zu erreichen. Dieser hielt zwar einem Orkan im Jahr 1946 stand, der sämtliche Bäume des Gipfels entwurzelte, weswegen der Gipfel bis heute baumfrei ist, aber einer Sprengung durch die SED-Führung der DDR konnte der Turm nichts entgegensetzen. Bis zur Wiedervereinigung war das Plateau des Schneekopfs militärisches Sperrgebiet und durfte nicht betreten werden.

In den 1990er Jahren wurde das Gelände renaturiert, und es gab sogar Vorschläge, die letzten 22 Höhenmeter aufzuschütten, damit Thüringen einen 1.000 Meter hohen Berg sein Eigen nennen kann. Dieser Gedanke wurde verworfen, doch es entstand ein neuer Aussichtsturm, dessen Spitze sich in einer Höhe von 1.001 Metern befindet. Selbstverständlich kann er ganz herkömmlich über Treppen bestiegen werden. Spannender ist aber die Nutzung der Kletterrouten an der Außenseite des Turms, mit denen man den nun höchsten erreichbaren Punkt Thüringens in alpiner Weise am Kletterseil erklimmen kann.

Adresse Schneekopf, 98859 Gehlberg (Kontakt zum Klettern: outdoor inn, Tel. 03675/406804, www.1000-meter.de) | Anfahrt A 71, Ausfahrt 18 (Oberhof), im Kreisverkehr rechts, kurz vor Oberhof auf die L 1129 bis zu den Wanderparkplätzen | Tipp Nach dem Klettern erhält man ein Gipfelzertifikat, mit dem man im benachbarten Ausflugslokal Gehlberger Hütte vergünstigte Speisen genießen kann.

30 Der Kaminzuggrill

Was man für einen Grillabend so braucht

Die nächste Fußballweltmeisterschaft ist bereits gesichert – zumindest kulinarisch. Ob Roastbeef, Bauchfleisch oder ein paar Bratwürste. Auf den Kaminzuggrill, der in Georgenthal steht, passt so einiges, was das Grillmeisterherz höherschlagen lässt. In Zahlen sind das 450 Bratwürste, die auf einen Schlag gegrillt werden können. Da kann ein ganzes Dorf gleichzeitig zum Anpfiff des Fußballspiels die Wurst genießen.

Hergestellt wurde der Grill im Jahr 1999 von der Firma Thüros. Der aus Edelstahl bestehende Grill war nach sechs Tagen Bauzeit fertig und bringt es auf eine Höhe von 3,90 Metern, allein die Grillfläche ist 2,40 Meter breit. Natürlich ist der Grill kein Kundenwunsch eines Riesen, sondern ein Werbegag. Zu sehen ist der Megagrill auf dem Werksgelände der Firma in Georgenthal, und eine kleine, bescheidene Informationstafel am Geländezaun erinnert daran, dass er sogar mit einem Eintrag im Guinnessbuch der Rekorde ausgezeichnet wurde.

Im Gegensatz zu herkömmlichen Holzkohlegrills hat ein Kaminzuggrill den Vorteil, dass er schnell und problemlos angeheizt werden kann. Und zwar ganz ohne Blasebalg oder Pusten, denn die Aufgabe der Frischluftzufuhr zur besseren Verbrennung übernimmt der Kamin, der sich unter der breiten Grillfläche befindet. Die Firma Thüros wirbt damit, dass der Grill nach dem Anzünden gerade einmal 15 Minuten benötigt, bis die ersten Würstchen aufgelegt werden können. Außerdem benötigt er auch weniger Kohle. Der Firmenname Thüros ist übrigens eine Abkürzung für Thüringer Roste und entstand 1992, als die Firma gegründet wurde. Seit dem Jahr 2010 ist Thüros auch Hauptsponsor der Deutschen Grillmeisterschaft, die alljährlich ausgetragen wird und 2010 in Gotha stattfand. Der größte Kaminzuggrill der Welt kommt dort zwar nicht zum Einsatz, würde aber sicherlich helfen, schnell und einfach ein paar Steaks zu grillen.

Adresse Bahnhofstraße 55, 99887 Georgenthal | **Anfahrt** A 4, Ausfahrt 42 (Gotha), B 247 bis Hohenkirchen, L 1028 bis Georgenthal. Die Firma Thüros befindet sich am Ortseingang auf der linken Seite. | **Tipp** Im benachbarten Ohrdruf lohnt sich der Besuch des Renaissanceschlosses Ehrenstein mit seinem ansehnlichen Park und des dortigen Heimatmuseums.

31 Die Saurierfundstelle

Willkommen im Jurassic Wald

Der Jurassic Park im Thüringer Wald beginnt in Georgenthal. Das kleine, harmlos wirkende Örtchen ist Ausgangspunkt für eine Wanderung in die urgeschichtliche Frühzeit. Eine Zeit, in der der Mensch noch nicht existierte und die Erde von gewaltigen Dinosauriern beherrscht wurde. Der viereinhalb Kilometer lange Wanderweg beginnt am Schlossplatz in Georgenthal, wo ein Plateosaurus die weitere Richtung weist.

Die Wanderung führt am Flüsschen Apfelstädt entlang, bis als Nächstes am Mühlteich ein Tanystropheus wartet. Seinen bildhafteren Namen Giraffenhalssaurier hat er der Tatsache zu verdanken, dass er bei einer Körperlänge von sechs Metern einen rund dreieinhalb Meter langen Hals besaß. Es folgt ein vegetarischer Emausaurus, bevor ein naher Verwandter des berühmt-berüchtigten Tyrannosaurus Rex den Weg kreuzt. Hinter der Plastik des Großen Bastardsauriers passiert man die Schlöffelsmühle und die Rodebachmühle, die gleichzeitig die Hälfte des Wanderwegs markieren. In Begleitung des Handtiers, eines Flugdrachens und der Permeidechse nähert man sich dem Ziel am Geoinfozentrum Lohmühle, wo man auch gleichzeitig die Ursaurierfundstätte Bromacker passiert. Diese ist nämlich der Urgrund für den Wanderweg. Mitte der 1970er Jahre begann man hier mit ersten Ausgrabungen, die dazu führten, dass man mittlerweile rund 40 gut erhaltene Fossilien von 14 verschiedenen Ursauriern gefunden hat. Vergleichbare Fundstätten gibt es nur noch in Nordamerika. Daher arbeiten deutsche und amerikanische Paläontologen gemeinsam, und nicht selten werden Gesteinsproben in die USA versandt, um dort die Fossilien freizulegen. Die Funde machen den Bromacker zum bedeutendsten Fundort fossiler Landwirbeltiere aus dem Perm-Zeitalter. Also doch kein Jurassic Park, denn das Jura-Zeitalter, wovon sich der Name Jurassic ableitet, begann erst 50 Millionen Jahre nach dem Perm. Die Ursaurier lebten also noch lange vor den heute bekannteren Dinosauriern.

Adresse Ohrdrufer Straße, 99887 Georgenthal | **Anfahrt** A 4, Ausfahrt 42, B 247 bis Ohrdruf, B 88 bis Georgenthal | **Tipp** Am Ende des Saurierpfades erreicht man die Lohmühle und das dortige Lohmühlenmuseum mit Barfußpark, Angelteich und einem Gasthaus. Das Museum selbst informiert über Heimatkunde und Handwerk, unter anderem in einer eigens eingerichteten Wohnung eines Müllers.

32__Das Thermometer-Museum

Wie warm ist es draußen?

145,9 Grad Celsius. So viel Temperaturunterschied sollte ein Thermometer anzeigen, damit es überall auf der Erde einwandfrei funktioniert. Dabei sollte der Höchstwert bei 56,7° C liegen und die niedrigste Anzeige bei minus 89,2° C. Gemessen wurden diese Extremwerte im amerikanischen Death Valley und an der russischen Wostok-Station in der Ostantarktis. Solche Werte wird man glücklicherweise nicht im Thüringer Wald erreichen. Aber dieses Hintergrundwissen kann nicht schaden, wenn man das Thermometer-Museum in der historischen Altstadt von Geraberg bei Ilmenau besichtigen möchte.

Schnell wird klar, dass es zahlreiche verschiedene Arten zur Temperaturmessung gibt. Wer will sich schon bei nahendem Fieber ein Außenthermometer in die Achselhöhle stecken? Begonnen hatte alles Anfang des Jahrhunderts, als eine Frauengruppe beschloss, in einem schiefergedeckten Haus gleich gegenüber der Kirche ein Museum zum Thema Thermometrie einzurichten. Seither konnte man nicht nur die Entwicklungsgeschichte von Flüssigkeitsglasthermometern verfolgen und an verschiedenen Stationen selbst austesten, sondern auch verschiedene Sonderausstellungen besuchen, wie zum Beispiel die Ausstellung zum Physiker und Erfinder Otto von Guericke, der mit seinen Magdeburger Halbkugeln zum Thema Luftdruck experimentierte.

Wer aber die Temperatur des jeweiligen Tages messen will, begibt sich nach draußen, wo sich ein elf Meter hohes Großthermometer als Teil eines rund sechs Kilometer langen Klimawegs erhebt. Folgt man dem Klimaweg, dann passiert man nicht nur 20 Informationstafeln, sondern erreicht noch ein zweites Großthermometer. Nur an die Extremwerte der Erde reichen auch die beiden übergroßen Thermometer nicht heran. Und das ist wohl auch besser so.

Adresse Deutsches Thermometermuseum, Plan 9, 98716 Geraberg, Tel. 03677/205681, www.thermometermuseum.de | **Anfahrt** A 71, Ausfahrt 17, Richtung Geraberg, Geschwendaer Straße, Ohrdrufer Straße und Körnbachstraße | **Öffnungszeiten** Di–Sa 10–16 Uhr | **Tipp** Das Tal der Zahmen Gera wartet mit einer bizarren Felsenwelt auf, die man bei einer Wanderung erreichen kann. Hauptanziehungspunkt ist dabei das Flächennaturdenkmal Kammerlöcher.

33 Das Pumpspeicherwerk

Energiewende

Ein Ausblick auf die Nordsee, und das im Thüringer Wald. Viel Phantasie wird dazu nicht benötigt, sondern nur ein Besuch am Oberbecken des Pumpspeicherwerks bei Goldisthal. Selbstverständlich ist der Bau eines Pumpspeicherwerks ein großer Eingriff in die Natur beziehungsweise in das Landschaftsbild, doch der Wirkungsgrad ist enorm. Das gilt besonders für das Werk im Thüringer Wald, denn es ist das größte Wasserkraftwerk Deutschlands.

Schon in den 1960er Jahren dachte die damalige DDR-Führung über den Bau eines Kraftwerks dieser Art nach. Erste Bauschritte wurden sogar getätigt, bis dann aber 1981 kein Geld mehr zur Verfügung stand. 1988 wurde das Projekt zwar noch mal in Angriff genommen, aber bekanntlich hörte die DDR wenig später auf zu existieren. Im vereinigten Deutschland wurde erneut die Wirtschaftlichkeit geprüft, und 1997 begannen die Bauarbeiten, die sechs Jahre später beendet waren. Hierfür wurde das Gipfelplateau des 869 Meter hohen Farmdenkopfs komplett umgestaltet und zum heutigen Oberbecken planiert. Man kann das Becken zu Fuß umrunden, muss jedoch stellenweise einen sehr schmalen Grat überwinden. Während der Wanderung blickt man auf die Wasseroberfläche, die durch den in dieser Höhe herrschenden Wind durchaus Wellen schlagen kann. Dieses Nordsee-Erlebnis wird noch intensiviert, da am gegenüberliegenden Ende des Beckens nur ein waagerechter Horizont zu sehen ist. Anders als an herkömmlichen Seen gibt es hier kein natürliches Ufer. Und Erhebungen des Thüringer Waldes sind auch kaum auszumachen, da der nächsthöhere Berg über 20 Kilometer entfernt ist.

Zum Pumpspeicherwerk gehört auch das Unterbecken, das durch zwei 800 Meter lange Stollen mit dem Oberbecken verbunden ist. Damit kann die Anlage über 1.000 Megawatt Strom erzeugen. Technikinteressierte können das Kraftwerk im Rahmen einer Führung besichtigen, während Naturfreunde bei einer Wanderung rund um das Unterbecken auf ihre Kosten kommen.

Adresse Farmdenkopf, 98746 Goldisthal | **Anfahrt** A 73, Ausfahrt 5 (Eisfeld-Nord), Richtung Eisfeld, im Kreisverkehr die dritte Ausfahrt auf die B 281, bei Alsbach auf die L 1112, nicht ganz bergab fahren, sondern rechts auf den Parkplatz zum Oberbecken | **Tipp** Wer dem stilisierten Wasserrad auf einem 21 Kilometer langen Rundwanderweg folgt, umrundet dabei das Unterbecken und kommt im oberen Bereich an sehenswerten Picknickplätzen mit interessant geschnitzten Sitzbänken vorbei.

34 Das Verkehrsprojekt Deutsche Einheit

Thank you for travelling with Deutsche Bahn

Das Verkehrsprojekt Deutsche Einheit Nummer 8.1 ist zu Recht umstritten. Trotzdem oder gerade deshalb ist es beachtenswert. Hinter dem sperrigen und amtlichen Namen verbirgt sich die Schnellfahrstrecke Nürnberg-Erfurt. Klingt auch nicht viel besser, verdeutlicht aber, um was es geht, nämlich um eine 107 Kilometer lange Eisenbahntrasse, die den Thüringer Wald einmal von Nord nach Süd durchquert.

Im kleinen Goldisthal, das seit Jahren von den Großbaustellen betroffen ist, befindet sich ein Besucherzentrum der Deutschen Bahn, in dem man nicht nur zahlreiche Informationen erhält, sondern auch den Gleisabschnitt einer modernen ICE-Trasse betreten kann.

Nach der Wiedervereinigung im Jahr 1990 wurden 17 Verkehrsprojekte Deutsche Einheit geplant. Sieben betrafen Autobahnneubauten, eines einen Wasserweg, und neun Projekte dienten dem Ausbau des Schienennetzes. Die meisten Strecken sind bereits fertiggestellt. Als eine der letzten Trassen sollen die Bauarbeiten an der Gleisstrecke zwischen Erfurt und Nürnberg im Jahr 2017 beendet sein. Damit wird es sich dann auch um das kostspieligste Projekt handeln. Rund ein Viertel der Gesamtkosten aller Schienenprojekte wurde allein hier investiert. Kein Wunder bei dem, was alles gebaut werden muss. Dazu gehören zum Beispiel die Tunnel Silberberg und Bleßberg. Letzterer wird mit über acht Kilometern der längste Tunnel der Trasse sein und unterquert den gleichnamigen Berg zwischen Truckenthal und Goldisthal. Weiter nördlich folgt der Silberberg, dessen Untertunnelung nur rund einen Kilometer kürzer sein wird.

Aber die Züge werden nicht nur unterirdisch fahren, sondern auch 29 Talbrücken überqueren. Die längste Brücke misst 1.681 Meter und befindet sich bei Ilmenau. Die ursprüngliche Fertigstellung war eigentlich schon für das Jahr 2004 vorgesehen.

Adresse DB Informationszentrum, Goldberg 1, 98746 Goldisthal, Tel. 036781/253085, www.goldisthal.de | **Anfahrt** A 73, Ausfahrt 5 (Eisfeld-Nord), Richtung Eisfeld, im Kreisverkehr die dritte Ausfahrt auf die B 281, bei Alsbach auf die L 1112, in Goldisthal links durch das Schwarzatal | **Öffnungszeiten** Mi – So 12 – 19 Uhr | **Tipp** Westlich von Goldisthal befindet sich Masserberg. Das Dach des dortigen imposanten Badehauses hat große Ähnlichkeit mit dem Zeltdach des Münchener Olympiastadions.

35 Ernst Anschütz

O Tannenbaum

Die Nationalhymnen der US-Bundesstaaten Florida, Maryland, Michigan und Iowa kennen wir selbstverständlich alle. Auch das Lied für Albany, der Hauptstadt des Bundesstaates New York, können wir problemlos trällern. Zugegeben, vielleicht hapert es ein bisschen bei den Texten, aber pfeifen könnten wir sie allemal. Und dann würden wir sicherlich ganz schnell den uns bekannten Text benutzen. Denn alle diese Hymnen benutzen dieselbe einprägsame Melodie: »O Tannenbaum, o Tannenbaum«. Diese war bereits im 16. Jahrhundert populär, doch ihre Bekanntheit als Weihnachtslied erhielt sie erst durch Ernst Anschütz, der in Goldlauter geboren wurde.

In der kleinen, lang gestreckten Ortschaft bei Suhl erinnern an einem schiefergetäfelten Haus ein Gedenkstein und eine kleine hölzerne Tafel daran, dass hier Ernst Anschütz am 28. Oktober 1780 das Licht der Welt erblickte. Er verbrachte seine Kindheit in Goldlauter, doch nach seinem Schulbesuch in Schleusingen zog es ihn nach Leipzig, wo er als Lehrer arbeitete und nebenher ein bereits bestehendes Lied umdichtete, das heute zu einem der bekanntesten Weihnachtslieder der Welt gehört. Gerne wird behauptet, der Text sei falsch, da die Zeile »wie grün sind deine Blätter« auf den ersten Blick unlogisch erscheint. Doch Ernst Anschütz hatte aus biologischer Sicht völlig recht, da die Nadeln eines Tannenbaums nichts weiter sind als zusammengerollte Blätter.

Auch die Textfassungen der Lieder »Alle Jahre wieder«, »Es klappert die Mühle am rauschenden Bach« und »Fuchs, du hast die Gans gestohlen« entstammen der Feder von Anschütz. Damit wurde er einer der bekanntesten Schöpfer von Kinderliedern. Im Alter von 81 Jahren starb Ernst Anschütz in Leipzig. Er hinterließ das wohl bekannteste Weihnachtslied, das einmal im Jahr große Popularität genießt – außer in vier amerikanischen Bundesstaaten, wo man es auch zu anderen Anlässen mitsingen könnte.

Adresse Pochwerksgrund 2, 98528 Goldlauter | **Anfahrt** A 71, Ausfahrt Suhl / Zella-Mehlis, L 3247 in Richtung Suhl bis Fröhliche-Mann-Straße, auf K 502 bleiben bis zum Abzweig Suhler Straße nach links | **Tipp** Von Goldlauter aus kann man sieben der neun höchsten Gipfel des Thüringer Waldes auf einem 30 Kilometer langen Gipfelwanderweg erklimmen.

36 Die Gartenzwergmanufaktur

Auf den Spuren der Spießbürger

Ein kleines Häuschen im Grünen mit einer wuchtigen Eichenschrankwand im Wohnzimmer, und draußen auf dem Rasen grinsen die Gartenzwerge um die Wette. So stellen sich Menschen mit einer Gartenzwerg-Antipathie wohl den typischen Spießer vor. Kaum eine andere Figur polarisiert so sehr wie ein Gartenzwerg. Entweder man liebt ihn oder man hasst ihn. Ein Dazwischen gibt es nicht. Das Sinnbild des deutschen Michels präsentiert sich in der Regel mit roter Zipfelmütze und einem weißen Vollbart. Würde er Geschenke bringen und keine Schubkarre über die Wiese schieben – man könnte ihn glatt mit dem Weihnachtsmann verwechseln. Und den Weihnachtsmann liebt jeder. Vermutlich wegen der Geschenke. Vielleicht aber auch deshalb, weil er nur einmal im Jahr präsent ist.

Gartenzwerge dagegen sieht man das ganze Jahr über. Trotz ihrer Größe von maximal 69 Zentimetern. Größer dürfen sie nämlich nicht sein, um als echte Gartenzwerge zu gelten. So hat es die Internationale Vereinigung zum Schutz der Gartenzwerge definiert. Außerdem muss ein echter Gartenzwerg männlich sein. Weibliche Gartenzwerge sind bei wahren Liebhabern verpönt. Genauso wie die Zwerge, die ihren blanken Hintern oder den Mittelfinger zeigen. Aber wie schön, dass es moderne Firmen wie die Gartenzwergmanufaktur Philipp Griebel gibt, die nach eigener Aussage den ersten weiblichen Gartenzwerg der Welt hergestellt hat. Gräfin Roda, benannt nach Gräfenroda, wo das Unternehmen seinen Sitz hat, ist zarte 21 Zentimeter hoch und trägt unter ihrer Zipfelmütze schwarzes Haar. Die Firma wurde wegen der emanzipierten Gleichstellung von der Gartenzwergvereinigung gerügt, was niemanden davon abhalten sollte, die Firma inklusive Museum und Manufaktur zu besichtigen. Neben zahlreichen Gartenzwergen gibt es dort natürlich auch die legendären sieben Zwerge mit Schneewittchen zu sehen.

Adresse Gartenzwergmanufaktur Philipp Griebel, Ohrdrufer Straße 1, 99330 Gräfenroda, Tel. 036205/76470, www.zwergen-griebel.de | **Anfahrt** A 71 bis Ausfahrt 17, B 88 bis Gräfenroda, im Ort in der scharfen Linkskurve jedoch halb rechts die Bundesstraße verlassen, Parkplatz hinter der Gartenzwergmanufaktur | **Öffnungszeiten** März–Okt. Di–Fr 10–17 Uhr, Sa 10–14 Uhr | **Tipp** In der Waldstraße 50 lädt das Glasstudio Herbert Reuß zu sehenswerten und humorvollen Schauvorführungen zum Thema Glasbläserei in einer kleinen Werkstatt ein.

37 Das Kloßpressenmuseum

Von Klößen und Kräutern

In einem herkömmlichen Reiseführer über Thüringen würde man wohl in der Rubrik über regionale Spezialitäten neben der klassischen Rostbratwurst auch die Thüringer Klöße aufführen. Es existiert wohl kaum ein Gasthof, an dem nicht mit weißer Kreide auf schwarzen Tafeln Thüringer Klöße angeboten werden. Natürlich gibt es auch in anderen Regionen Klöße, man denke nur an Semmelknödel, Grießklößchen und an die aus Hackfleisch bestehenden Königsberger Klopse. Doch die traditionellen Thüringer Klöße sind auch weit außerhalb von Thüringen bekannt und beliebt. Und innerhalb Thüringens? Da wird über sie gedichtet, und sie werden sogar besungen. In Meiningen zwischen Rhön und Thüringer Wald gibt es auf dem Töpfermarkt ein Kloß-Denkmal, um das herum alljährlich ein Kloßfest stattfindet.

Doch wenn wir von Klößen reden, dann meinen wir immer das fertige Produkt. Rund, gelb und von weicher Konsistenz. Darüber hinaus sollte aber nicht die Herstellung in Vergessenheit geraten. Gerade junge Leute dürften sich auch in Thüringen wohl immer schwerer damit tun und greifen lieber zu den Fertigpäckchen aus dem Supermarkt. Angesichts der Tatsache, was für eine umfangreiche Arbeit die Zubereitung von Klößen ist, ist das aber auch nur allzu verständlich. Angefangen vom Reiben der Kartoffeln bis hin zum Formen der Klöße vergeht schnell ein ganzer Vormittag.

Im Kloßpressenmuseum in Großbreitenbach kann man sich gut ein Bild davon machen. Das Museum besteht zwar nur aus einem Raum innerhalb des Wald-Kreativ-Museums, doch es präsentiert eindrucksvoll die Kloßpressen des letzten Jahrhunderts. Wären die Pressen nicht beschriftet, könnte man sie mit ihren riesigen Schraubzwingen auch für mittelalterliche Folterinstrumente halten. Daneben erfährt man in dem historischen Geschäftshaus aus dem 18. Jahrhundert auch vieles über die örtliche Porzellanmalerei und über den Musikinstrumentenbau.

Adresse Kloßpressenmuseum, Myliusstraße 6, 98701 Großbreitenbach, Tel. 036781/41815 | **Anfahrt** A 71, Ausfahrt 15 (Ilmenau-Ost), B 88 bis Gehren, L 1047 bis Großbreitenbach, im Ort links halten | **Öffnungszeiten** Di – Fr 10 – 16 Uhr, Sa und So 13 – 16 Uhr | **Tipp** Großbreitenbach besitzt die größte Fachwerkkirche Thüringens. Sie bietet 1.600 Gläubigen Platz und ist komplett verschiefert. Erbaut wurde sie Ende des 17. Jahrhunderts als Ersatz für die eingestürzte Johanniskirche. Von ihr blieb nur der Kirchturm stehen, der in den Neubau integriert wurde.

38 Der Pummpälz

Der Kobold am Wegesrand

»Hast du die ganze Nacht gezecht, kommt dir der Pummpälz gerade recht.« So ist es in einen Baum geritzt, der in der Hintergasse von Gumpelstadt neben einer Brücke an einem kleinen Wasserlauf steht. Der Pummpälz ist eine Art Troll, ein Kobold, ein Gnom, ein Wichtel. Ein Zwerg mit großen Füßen.

Zum ersten Mal wurde der Pummpälz in einer Sage aus dem 19. Jahrhundert namentlich erwähnt. Der Bad Salzunger Mundartdichter Ludwig Wucke schrieb zahlreiche Thüringer Sagen nieder und beschrieb das Wesen als rauhaarigen Kobold, der Wanderern, insbesondere denen, die nachts unterwegs waren und vermutlich vom Gasthaus nach Hause torkelten, auf die Schulter sprang. Mit ein paar Ohrfeigen begrüßt er sie und lässt sich ein Stück des Weges mitnehmen. Das ist zwar nicht die feine Art, aber was soll man von einem frech grinsenden Troll auch anderes erwarten? Außerdem hat es der Pummpälz damit zu einem gewissen Bekanntheitsgrad gebracht. Denn im Jahr 2001 beschloss man, einen weiteren Wanderweg durch den Thüringer Wald anzulegen, der nach dem Gnom benannt wurde.

Ein Jahr später war es dann so weit. Sogar der damalige thüringische Ministerpräsident Bernhard Vogel war anwesend und eröffnete feierlich den Pummpälzweg. Ob ihm der Namensgeber auf die Schulter sprang und ihn ohrfeigte, ist jedoch nicht überliefert. Der Pummpälzweg ist 28 Kilometer lang und beginnt am Fuße der Wartburg in Eisenach. Über die Hohe Sonne verläuft er durch Ruhla und am Forsthaus Kissel vorbei, bis er in Gumpelstadt auskommt, von wo aus es nicht mehr weit bis zum Ziel in Bad Salzungen ist. Entlang des Weges befinden sich zahlreiche geschnitzte Skulpturen, die ebenfalls Figuren aus Thüringer Sagen darstellen. Einige von ihnen stammen ebenfalls aus den Geschichten Ludwig Wuckes. Außerdem gibt es fünf digitalisierte Stempelstellen, an denen man sich einloggen kann, um am Ende eine Urkunde über den absolvierten Wanderweg zu erhalten.

Adresse Hintergasse, 36433 Gumpelstadt | **Anfahrt** B 19 zwischen Eisenach und Barchfeld bis Gumpelstadt, weiter bis zur Brücke in die Hintergasse | **Tipp** Östlich von Gumpelstadt befindet sich das vom NABU geführte Naturschutzzentrum Alte Warth im gleichnamigen Naturschutzgebiet. Dort werden unter anderem mehrere Führungen zu den Themen Wald, Wiese und Erlebnispädagogik angeboten.

39__Das Karl-Günther-Denkmal

Fürstendenkmal am Pilzsteig

Karl Günther von Schwarzberg-Sonderhausen war der volle Name des letzten Herrschers über das Fürstentum Schwarzberg-Sonderhausen. Der Fürst wurde im Jahr 1830 in Arnstadt geboren und übernahm im Alter von 49 Jahren die Regierungsgeschäfte seines Vaters. Der leidenschaftliche Jäger starb 1909, nachdem er seine drei letzten Lebensjahre im Krankenbett verbracht hatte – verursacht ausgerechnet durch einen Jagdunfall.

Seine Witwe ließ ihm zu Ehren wenige Jahre später ein Denkmal errichten. Dieses entstand auf dem 808 Meter hohen Langen Berg, der zu Karl Günthers Lebzeiten noch Burzel genannt wurde. Es war drei Meter hoch und zeigte den Fürsten in Jägeruniform und mit Gewehr. Dabei wirkte das bronzene Standbild verhältnismäßig bescheiden im Gegensatz zum steinernen Unterbau. Dieser besteht aus einer imposanten Freitreppe, auf der man das eigentliche Denkmal erst über 30 Stufen erreichte. Hinter Karl Günther erhebt sich schließlich noch ein Torbogen.

Während der Naziherrschaft wurde das Fürsten-Denkmal demontiert, um für Kriegsgerät eingeschmolzen zu werden. Zwar überstand die Figur den Zweiten Weltkrieg, doch kam sie nicht zurück auf ihren ursprünglichen Platz, sondern wurde schließlich in den 1970er Jahren durch die DDR-Führung doch noch eingeschmolzen. Erst im Jahr 2010 wurde durch einen Förderverein das heutige Denkmal restauriert und eine neue Skulptur von Karl Günther erstellt. Wie schon zu Beginn des letzten Jahrhunderts schaut sie vom Langen Berg hinab in Richtung Nordwesten und scheint dabei den gesamten Thüringer Wald zu überblicken. Bei guter Sicht kann man sogar den Kyffhäuser und einige Gipfel des Harzes erkennen.

Zu Karl Günthers Füßen befinden sich mehrere Aussichtspunkte, Picknickplätze und der 21 Kilometer lange Pilzsteig.

Adresse Kreisstraße, 98701 Herschdorf | **Anfahrt** A 71, Ausfahrt 15 (Ilmenau-Ost), B 88 bis Pennewitz, L 1144 bis Herschdorf, von dort weiter zu Fuß zum Denkmal | **Tipp** Im benachbarten Gehren befindet sich ein Denkmal zu Ehren von Johann Michael Bach, dem Schwiegervater von Johann Sebastian Bach. Kuriosum: Die Großeltern von Johann Michael Bach waren gleichzeitig die Urgroßeltern des berühmten Komponisten Johann Sebastian Bach.

40_Das Stadtmuseum

Meyers Konversationslexikon als Erstausgabe

Carl Joseph Meyer wurde im Jahr 1796 in Gotha geboren und verbrachte dort die ersten Jahre seiner Kindheit. Diese endete mit 14 Jahren, als er eine Kaufmannslehre in Frankfurt begann. Für die damalige Zeit war es nicht unüblich, bis zu 80 Stunden in der Woche zu arbeiten. Nebenher verbrachte der ehrgeizige junge Mann seine knappe freie Zeit mit Bildung. Dennoch scheiterte Meyer nach seiner Ausbildung zwei Mal mit bedeutenden Geschäften und war früh verschuldet. Im Alter von 30 Jahren gründete er in Gotha das Bibliographische Institut, siedelte aber schon bald nach Hildburghausen im Thüringer Wald über. Er erfand das heute weit verbreitete Zweispaltensystem, das in einem Lexikon für bessere Lesbarkeit sorgt, und ließ seine Werke reichhaltig illustrieren.

Sein Verlag expandierte mit Filialen in den Metropolen der Welt, während das Bibliographische Institut zu einem bedeutenden geistigen Zentrum emporstieg. Mitte des 19. Jahrhunderts brachte er die erste Ausgabe des Großen Konversationslexikons auf den Markt. Er trat damit in Konkurrenz zu Werken wie dem berühmten Brockhaus. Die erste Auflage umfasste 52 Bände mit über 90 Millionen Wörtern. Es folgten weitere neun Auflagen, von denen mittlerweile zahlreiche Bände digitalisiert wurden, die teilweise als Grundlage für die heutige Online-Enzyklopädie Wikipedia zur Verfügung stehen. So ist zum Beispiel die komplette vierte Auflage aus der zweiten Hälfte des 19. Jahrhunderts unter www.retrobibliothek.de zu finden.

Carl Joseph Meyer lebte die letzten Jahre in Hildburghausen, wo er im Alter von 60 Jahren an einer Lungenentzündung starb. Die 52-bändige Erstausgabe von Meyers Konversationslexikon sowie einige Erstausgaben des Bibliographischen Instituts befinden sich heute im Stadtmuseum Hildburghausen. Darüber hinaus befasst sich das Museum mit zahlreichen anderen Themengebieten aus der Geschichte von Hildburghausen.

Adresse Stadtmuseum Hildburghausen, Apothekergasse 11, 98646 Hildburghausen, Tel. 03685/403689, www.museum-hildburghausen.de | **Anfahrt** A 73, Ausfahrt 5 (Eisfeld-Nord), weiter Richtung Eisfeld, im Kreisverkehr die erste Ausfahrt auf die B 281, später B 89 bis Hildburghausen, Parkplätze im Zentrum auf der linken Seite, von dort zu Fuß über den Nonneplatz | **Öffnungszeiten** Di – So 10 – 17 Uhr | **Tipp** Die malerische Innenstadt von Hildburghausen besticht unter anderem mit ihrem historischen Rathaus.

41__Das Bratwurstmuseum

Guten Appetit

Erleben Sie alten Schweinkram im dünnen Darm – so wirbt das erste Deutsche Bratwurstmuseum in Holzhausen um Besucher. Klingt vielleicht nicht ganz so appetitlich, aber mit jedem Schritt, mit dem man sich dem Museum nähert, strömt leckerer Bratwurstgeruch in die Nase. Und dieses Museum ist keine gewöhnliche oder gar langweilige Ausstellung über ein Nahrungsmittel. Vielmehr wird dem Besucher etwas geboten, was schon beinahe Event-Charakter besitzt. Aber vorab sollte man wohl erwähnen, dass man als Besucher unweigerlich in den Genuss einer frisch gegrillten Bratwurst vom Holzkohlerost kommen wird. Wenn nicht, dann hat man etwas falsch gemacht.

Im Jahr 2006 öffnete das Bratwurstmuseum seine Pforten, drei Monate nachdem der Verein Freunde der Thüringer Bratwurst e. V. gegründet wurde, der das Museum betreibt. Das Museum besteht im Wesentlichen aus zwei Bereichen. In der eigentlichen Ausstellung zeigt es die Geschichte der Bratwurst, die bis ins 7. Jahrhundert vor Christus zurückreicht. Außerdem gibt es viel Kunst, Kitsch und Kurioses um die Wurst.

Im Außenbereich – dort, wo man automatisch am duftenden Grill vorbeikommt – geht es zu einer Bratwurstschaukel, einem Bratwurstbaum und zu einem kleinen Skulpturenpark. Dieser zeigt natürlich, wer hätte es gedacht, Wurstkunst. Auf dem terrassenförmigen Gelände gelangt man auch zum Thüringer Festmahl, einem Gemälde, das an das legendäre Abendmahl erinnert. Nur mit dem Unterschied, dass die gemalte Prominenz auf dem Bild mit dem Verzehr einer Bratwurst beschäftigt ist. Gleich dahinter kann man übrigens die größte begehbare Bratwurst Thüringens betreten. Wem das alles noch nicht reicht, der kann auch an Wettkämpfen der Bratwurstiade teilnehmen oder sich mit wurstigen Souvenirs im Shop eindecken. Empfehlenswert ist in jedem Fall der Genuss einer Bratwurst in der angrenzenden Bratwurstscheune.

Adresse 1. Deutsches Bratwurstmuseum, Bratwurstweg 1, 99334 Amt Wachsenburg Holzhausen, Tel. 03628/604412, www.bratwurstmuseum.de | **Anfahrt** A 4, Ausfahrt 43, L 2163 durch Mühlberg bis Holzhausen | **Öffnungszeiten** April–Okt. Di–So 11–18 Uhr | **Tipp** Eigentlich bedarf es hier keiner weiteren Tipps: Bratwurst am Grill bestellen, setzen und genießen. Alternativ besichtigt man im Nachbarort Haarhausen den rekonstruierten Keramikbrennofen als Teil des dortigen Töpfermuseums.

42 Goethe

Der Klassiker

Johann Wolfgang von Goethe war überall. Zumindest könnte man das meinen, wenn man in Thüringen unterwegs ist. Und nicht nur hier, sondern auch im Harz, in Bayern und natürlich in Italien, wohin es den deutschen Dichter auch verschlug. Und man könnte meinen, Goethe hätte eine ganze Kutsche voll mit Schildern bei sich gehabt, auf denen geschrieben stand, dass er in diesem oder jenem Gasthaus übernachtet habe. Goethe schrieb hier, Goethe wohnte dort, und Goethe übernachtete in diesem Bett. Jeder Ort, den er auf seinen Reisen durchquert hat, brüstet sich heute mit seiner Anwesenheit. Weil Goethe aber nicht nur Dichter und Reisender war, sondern auch Geologe, existieren sowohl im Harz als auch in Thüringen mehrere Felsen, die nach ihm benannt wurden.

Der in Frankfurt geborene und in Weimar gestorbene Dichter kam nun mal viel rum. Auch in Ilmenau verbrachte er eine Zeit seines Lebens. Wenigstens war er hier nicht nur kurz auf der Durchreise, sondern widmete sich unter anderem als Staatsbediensteter dem Finanzwesen der Stadt. In dieser Position dürfte es fraglich sein, ob er damals so beliebt war wie heute. Außerdem betrieb er Vandalismus – streng genommen. Denn weit oberhalb von Ilmenau befand sich ein Jägerhäuschen, an dessen Holzwand er am 6. September 1780 mit Bleistift ein Gedicht notierte. Heute würde man ihn wohl zur Reinigung heranziehen, doch das Gedicht wurde berühmt, genau wie die Hütte, die man später in Goethehäuschen umtaufte. 26 Besuche von Goethe zählt das Ilmenauer Stadtarchiv, und weil sein Name untrennbar mit der Stadt verbunden ist, schuf man ihm zu Ehren ein Denkmal, das ihn vor dem Rathaus ganz entspannt sitzend zeigt. So kann sich ein jeder zu ihm gesellen und mit ihm zusammen den Blick über den Marktplatz schweifen lassen. Und wem das nicht genügt, der gehe auch noch zur Lindenstraße, wo am Haus Nummer 1 ein Hinweisschild verrät, dass Goethe dort wohnte und seinen letzten Geburtstag verbrachte.

Adresse Am Markt, 98693 Ilmenau | **Anfahrt** A 71, Ausfahrt 15 (Ilmenau-Ost), B 88, im Kreisverkehr erste Ausfahrt auf die L 3087, geradeaus bis zu den Parkplätzen auf der Erfurter Straße, zu Fuß durch die Obertorstraße bis zum Markt | **Tipp** Immer dienstags und freitags findet der Wochenmarkt statt. Entweder kann man dort selbst einkaufen oder zusammen mit Goethe dem Treiben zusehen.

43 Der Kickelhahn

Hausberg von Ilmenau

Der Thüringer Wald hat selbstverständlich viele Berge und Gipfel. Ein Dutzend davon erreicht eine Höhe von über 900 Metern. Der höchste ist bekanntlich der Große Beerberg, der markanteste und vermutlich beliebteste ist der Große Inselsberg. Doch auch die Berggipfel mit einer Höhe zwischen 800 und 900 Metern können sich sehen lassen. Dazu zählt unbedingt der Kickelhahn. Er ist 861 Meter hoch und damit als Hausberg auch der höchste Punkt im Stadtgebiet von Ilmenau.

Zahlreiche Wanderwege führen auf den Kickelhahn hinauf, von denen die meisten in Ilmenau beginnen. Dazu gehören zum Beispiel der Kickelhahnweg und der Goethewanderweg. Der Rennsteig berührt den Kickelhahn übrigens nicht, sondern verläuft deutlich weiter südlich. Goethe war vermutlich einer der bekanntesten Besucher des Kickelhahns, und das nicht nur einmal. Nach ihm ist das Nachbargebäude der kleinen Jagdhütte unterhalb des Gipfels benannt – das Goethehäuschen.

Doch seinen touristischen Aufschwung hatte der Kickelhahn in der ersten Hälfte des 19. Jahrhunderts. Ilmenau war gerade zu einem Kurort aufgewertet worden, und immer mehr Menschen forderten einen Aussichtsturm auf dem ansonsten bewaldeten Gipfel. Erst durch eine Spende von Maria Pawlowna Romanowa, Großfürstin von Russland und Tochter des Zaren Paul I., begann man mit der Errichtung eines steinernen Turms, der im Jahr 1855 nach einjähriger Bauzeit fertiggestellt wurde und zu Ehren der Spenderin den Namen Marienturm erhielt. Der Marienturm beziehungsweise Kickelhahnturm ist mit seinen 24 Metern Höhe zwar kein imposanter Turm – im Gegenteil, seine Spitze ragt gerade mal über die Baumwipfel hinweg –, dafür gehört er zu den ältesten Aussichtstürmen Deutschlands und ist der älteste Aussichtsturm in Thüringen.

Kein Wunder also, dass der Kickelhahnwanderweg einen stilisierten Turm als Zeichen hat.

Adresse Kickelhahnturm, 98693 Ilmenau | Anfahrt A 71, Ausfahrt 16, L 3004 bis Ilmenau, parken am Stadtpark, von dort zu Fuß über den Wanderweg | Tipp Achten Sie bei der Wegweisung zum Kickelhahn darauf, dass Sie auch am Großen Hermannstein vorbeikommen. Dieser kann mit einer Leiter erklommen werden und bietet eine tolle Aussicht.

44 Die Linden-Lichtspiele

Licht aus, Ton ab

111 Orte im Thüringer Wald, die man gesehen haben sollte. Oder in diesem Fall besser gehört haben sollte. In Ilmenau befindet sich, wie in jeder anderen größeren Stadt, ein Kino. Die Linden-Lichtspiele, benannt nach den Linden, die vor dem Gebäude in der Lindenstraße wachsen, beherbergen einen Kinosaal, der weltweit als erster mit Iosono-Technik ausgestattet wurde.

Zugegeben, der Begriff Iosono ist nicht jedem geläufig. Dabei handelt es sich um ein Soundsystem, das als revolutionär gehandelt wird und die heutigen Soundsysteme ablösen könnte. Doch bevor wir in die Zukunft lauschen, werfen wir einen Blick zurück. Im Jahr 2004 wurde das Unternehmen Iosono gegründet; es ist ein kommerzieller Ableger des Fraunhofer-Instituts für Digitale Medientechnologie, das auch auf den Feldern Akustik und Musiktechnologie forscht.

Das Unternehmen Iosono entwickelte ein Soundsystem, das eine realistische Audiowiedergabe versprach und eine Vielzahl an Lautsprechern einsetzte. Man sprach von einer technischen Revolution, die es auf diesem Gebiet zuletzt beim Wechsel von Mono auf Stereo gegeben hat. Für die Entwicklung mitverantwortlich war auch der mehrfach ausgezeichnete Elektrotechniker Karlheinz Brandenburg, der zusammen mit anderen Technikern das heute gängige MP3-Format konzipierte. Noch im Jahr der Unternehmensgründung wurden die Bregenzer Festspiele mit dem System beschallt, wofür 820 Lautsprecher notwendig waren. Zwei Jahre später wurde das Prinzip von der Initiative »Deutschland – Land der Ideen« durch die Bundesregierung ausgezeichnet. Hintergrund war die Installation des Iosono-Systems in den besagten Linden-Lichtspielen. 192 Lautsprecher, natürlich jeder einzelne computergesteuert, sorgen für ein dreidimensionales Hörerlebnis, das auch als Audio-Hologramm bezeichnet werden kann. Dummerweise musste der Hersteller zehn Jahre nach der Firmengründung Insolvenz anmelden. Hören wir mal, wie die Zukunft so klingt.

Adresse Linden-Lichtspiele, Lindenstraße 20, 98693 Ilmenau, Tel. 03677/899177, www.kino-ilmenau.de | **Anfahrt** A 71, Ausfahrt 15 (Ilmenau-Ost), B 88, im Kreisverkehr die erste Ausfahrt, bis zum Parkplatz auf der linken Seite, zu Fuß über die Obertorstraße, Marktstraße und Straße des Friedens | **Öffnungszeiten** zu den üblichen Filmvorführungszeiten | **Tipp** Vor dem Kinobesuch noch ein wenig Kulturgeschichte im GoetheStadtMuseum, das mit 10.000 Exponaten über die Stadtgeschichte und den Nationaldichter informiert.

45_Das Liquid-Chronometer

Die Zeit läuft

Zeit ist das, was man an der Uhr abliest. So sagte es einst der Physiker Albert Einstein. Und der muss es ja wissen, immerhin schuf er die Relativitätstheorie, die sich mit der Struktur von Raum und Zeit befasst. Aber ob er in Ilmenau auch die Zeit von der Uhr ablesen könnte, ist nicht geklärt. Denn auf dem Wetzlarer Platz befindet sich eine ganz besondere Uhr, die es in dieser Form nur ein einziges Mal auf der Welt gibt. Das Liquid-Chronometer wurde anlässlich des Tags der Deutschen Einheit im Jahr 2004 vom Verein Ilmenauer Glastradition e. V. gebaut und aufgestellt. Die Uhr soll an die lange Tradition der Glasindustrie in Ilmenau erinnern.

Hinter einer Glastür verbergen sich drei aufrecht stehende Glasröhren. Jede dieser Röhren ist mit einer blauen Flüssigkeit, ähnlich einem Frostschutzmittel, gefüllt. Die Röhre mit dem größten Durchmesser zeigt mit dem Pegelstand die Stunde an. Von der mittleren Röhre liest man die Minuten ab, und das schmalste Glasrohr ist der Sekundenzeiger des Liquid-Chronometers. Kein Wunder, dass die Flüssigkeit in diesem Röhrchen ständig in Bewegung ist. Angetrieben wird die Funkuhr von einem unterirdischen Pumpensystem.

So modern diese Uhr auch wirkt, eine Zeitmessung mit Flüssigkeiten ist schon aus dem alten Ägypten bekannt. Im antiken Griechenland nutzte man eine sogenannte Klepsydra zum Beispiel vor Gericht. War das Wasser einer vollen Schale komplett in eine vorher leere Schale geflossen, war die Redezeit von Klägern und Angeklagten beendet. Auch in der polnischen Sprache gibt es eine Klepsydra, doch bedeutet das Wort dort Sanduhr. Aber ob Sand oder Wasser – das Prinzip ist ähnlich. Eine Sitzbank rund um das Ilmenauer Liquid-Chronometer bietet die Möglichkeit, sich die Zeit zu nehmen und zu beobachten, wie selbige vergeht. Und Einstein hätte seine Freude daran, zu sehen, wie Zeit im wahrsten Sinne des Wortes fließen kann.

Adresse Wetzlarer Platz, 98693 Ilmenau | **Anfahrt** A 71, Ausfahrt 15 (Ilmenau-Ost), B 88, im Kreisverkehr die erste Ausfahrt, über die Bücheloher Straße bis links in die Friesenstraße, später in die August-Bebel-Straße | **Tipp** Über die Friedrich-Hoffmann-Straße und die Marktstraße gelangt man zum Kirchplatz, wo sich die barocke St.-Jakobus-Kirche aus dem 18. Jahrhundert erhebt.

46_Die Brücke

Tausche Alt gegen Neu

Für viele mag es heute kaum noch vorstellbar sein, besonders für junge Menschen, die nach der Wiedervereinigung zur Welt kamen, aber so bequem, wie man mittlerweile zwischen den beiden Orten Katzhütte und Neuhaus am Rennweg hin- und herfahren kann, war das bis zum Ende der DDR nicht möglich.

Selbstverständlich waren viele Straßen der DDR mit den heutigen Straßen nicht vergleichbar. Doch zwischen Katzhütte und Neuhaus am Rennweg befindet sich noch ein altes Straßenstück, das einen schönen Vergleich möglich macht. Die Rede ist von der Landstraße 1147, die die beiden Ortschaften miteinander verbindet und durch das Tal des Flusses Katze verläuft. Fährt man in südliche Richtung, also von Katzhütte kommend, erreicht man rund eineinhalb Kilometer nach dem Beginn der Straße einen Wanderparkplatz auf der linken Seite.

Der idyllische Platz in ruhiger Tallage lädt mit seinen Picknicktischen zum Verweilen ein. Dafür überquert man den Fluss Katze über eine schmale und fast unscheinbare Brücke. Doch genau diese Brücke ist als Denkmal in die Liste der Kulturdenkmale von Katzhütte eingetragen.

Bis zur politischen Wende und dem damit verbundenen Fall des Eisernen Vorhangs ging der gesamte Verkehr der Straße über diese Brücke. Heute befindet sich nur wenige Meter daneben die neue Brücke der Landstraße, die im Jahr 1999 fertiggestellt wurde. Der Unterschied zwischen beiden Bauwerken ist enorm, obwohl man als Autofahrer das moderne Brückenbauwerk gar nicht als solches wahrnimmt. Selbstverständlich sind die modernen Fahrzeugmaße und das heutige Verkehrsaufkommen nicht mehr mit denen zu DDR-Zeiten zu vergleichen. Heute fällt die Vorstellung schwer, dass man bei einem Picknick auf der früheren Landstraße sitzt und die alte Brücke eine Hauptverbindung war. Brücken dieser Größenordnung findet man heute nur noch als Fuß- und Radweg – oder eben als Kulturdenkmal.

Adresse Neuhäuser Straße, 98746 Katzhütte | **Anfahrt** A 73, Ausfahrt 5 (Eisfeld-Nord), Richtung Eisfeld, im Kreisverkehr die dritte Ausfahrt, B 281 bis Neuhaus am Rennweg, hinter dem Ort links auf die L 1147. Kurz vor Katzhütte befindet sich die Brücke auf der rechten Seite. | **Tipp** Am Fluss Katze darf in der Zeit von Mitte Juli bis Anfang Oktober unter Aufsicht Gold an einem eigens angelegten Goldwaschplatz gewaschen werden. 2004 wurde ein fast zehn Gramm schweres Nugget gefunden.

47 Der Kunstwanderweg

Kunstausstellung an der frischen Luft

Der Thüringer Wald ist bekanntermaßen eine bedeutende Wanderregion. Neben dem Rennsteig als Aushängeschild des Wanderwegenetzes gibt es eine Vielzahl an Themenwanderwegen. Da wären zum Beispiel der Lutherweg zwischen Schmalkalden und Tambach-Dietharz, der Pilzsteig und der Wanderweg, der an den deutschen Nationaldichter Goethe erinnert. Am Rande des Mittelgebirges befindet sich der Plauer Ortsteil Kleinbreitenbach, der einen ebenfalls interessanten Themenwanderweg bereithält.

Ins Leben gerufen wurde der dortige, zwei Kilometer lange Kunstwanderweg im Jahr 1997. Ausgeschildert ist er mit dem Symbol eines Menschen, der seine Arme nach oben streckt. Doch zwingend notwendig ist die Ausschilderung nicht. Um sich auf dem Wanderweg verlaufen zu können, benötigt es schon einiges an Ignoranz. Denn in regelmäßigen Abständen ist der Wanderweg Ort eines internationalen Kunstsymposiums der Volkshochschule Arnstadt-Ilmenau, das unter dem Motto »Kleine Welt – große Welt« stattfindet.

Hierbei haben Künstler aus dem In- und Ausland die Gelegenheit, ihre Werke im Rahmen wechselnder Themen zu kreieren und auf dem Wanderweg aufzustellen. Ein Rückbau erfolgt für gewöhnlich nicht. Das heißt, die Kunstwerke bleiben bestehen und summieren sich mittlerweile auf eine Anzahl von nicht weniger als 50 Ausstellungsstücken.

Die Bandbreite reicht dabei von einer Installation der deutschen Künstlerin Eva Bruszis, die aus zwei stilisierten Köpfen besteht und sich vor der Wehrkirche von Kleinbreitenbach befindet, bis zu den Südtirolern Renate und Max Bärmichl, die eine Haltestelle mitsamt Metallskulptur errichteten, an der ein Mensch auf den Bus zu warten scheint. Dieser wird jedoch nie kommen, da sich die Installation am Rande eines Feldwegs außerhalb der Ortschaft befindet – eben nur bei einem Spaziergang auf dem Wanderweg zu erreichen.

Adresse Schulstraße, 99338 Kleinbreitenbach | Anfahrt A 71, Ausfahrt 16, L 3004 durch Martinroda bis Plaue, auf der Bahnhofstraße bis Kleinbreitenbach | Tipp Nur drei Kilometer Luftlinie entfernt befindet sich die Talsperre Heyda, die auf einem ebenfalls schönen Wanderweg umrundet werden kann.

48 Die größte Kuhglocke der Welt

Manchen Kühen will man besser nicht begegnen

Man stelle sich nur mal vor, man sitze auf einer Bank am Rennsteig, und auf der angrenzenden Weide trotten einige Kühe gemächlich über das Grün. Um ihre Hälse hängen kleine Glocken, die mit einem dunklen Klingklong die Vorstellung von ländlicher Idylle akustisch abrunden. Dieses Bild hatten vermutlich auch die Verantwortlichen der Firma Venter-Glocken in Kleinschmalkalden, einem Ortsteil von Floh-Seligenthal, vor Augen. Sie schufen nämlich die größte Kuhglocke der Welt, für deren Bau fast ein Jahr benötigt wurde.

Im September 2002 entschied man sich für die Herstellung und entwickelte sogleich einen Konstruktionsplan. Zunächst wurden Blechsegmente zugeschnitten und zu einer Halbellipse miteinander verschweißt. Es folgten das Bearbeiten der Schweißnähte und das Ausbeulen der Ellipse, die schließlich ein Kopfteil aus 31 einzelnen Elementen erhielt. Das Kopfteil musste extra verstärkt werden, damit es sich später nicht durchbiegt, wenn die schwere Glocke aufgehängt wird. Im Mai 2003 war es dann so weit, dass die Glocke zum ersten Mal der Öffentlichkeit präsentiert wurde. Doch die Arbeit war noch nicht getan. Die Oberfläche der Glocke musste noch behandelt und lackiert werden.

Ganz nebenbei beschäftigt sich die Firma natürlich auch mit der Herstellung von handelsüblichen Glocken, Tischgeläuten, Souvenirs und Kerzenleuchtern. Aber mit der größten Kuhglocke der Welt hat das Unternehmen es geschafft, einen Eintrag ins Guinnessbuch der Rekorde zu erhalten. Die aus Stahl bestehende Glocke ist über drei Meter hoch und bringt es auf ein Gesamtgewicht von 920 Kilogramm. Allein der Klöppel wiegt 25 Kilo. Nun fehlt nur noch die passende Kuh dazu, aber angesichts der dafür notwendigen Größe wäre es ganz sicher nicht mehr idyllisch, wenn sie mit dieser Glocke durch den Thüringer Wald trottet.

Adresse Friedrichrodaer Straße, 98591 Kleinschmalkalden | **Anfahrt** B 88 bis Friedrichroda, weiter auf L 1026 bis Kleinschmalkalden, die Glocke befindet sich auf der rechten Seite | **Tipp** Der kleine Ort Kleinschmalkalden beherbergt, historisch bedingt, gleich zwei Dorfkirchen. Sowohl die Hessische als auch die Gothaische Kirche sind sehenswert.

49 Panzer fahren

Unterwegs mit Kriegsspielzeug

Wie wäre es wohl, wenn man seinen kleinen Stadtflitzer oder seinen Mittelklassekombi mal mit einem waschechten Panzer tauschen und damit durch den Thüringer Wald flitzen würde? Zugegeben, der gesamte Thüringer Wald lässt sich damit glücklicherweise nicht durchqueren. Doch bei Saalfeld gibt es ein abgesperrtes Gelände, auf dem man tatsächlich in die Rolle eines Panzerfahrers schlüpfen darf. Auch überzeugte Pazifisten werden vielleicht eingestehen, dass ein Kettenfahrzeug von den fahrtechnischen Eigenschaften her ein beachtliches Gefährt ist. Bis zu 600 Pferdestärken bewegen ein Ungetüm, das aus 34 Tonnen Stahl besteht.

Fahren kann man zum Beispiel einen schwimmfähigen Schützenpanzer, der in der Sowjetunion produziert wurde und sich sowohl zu Land als auch zu Wasser mit seinem Kettenantrieb fortbewegt. Ebenfalls aus sowjetischer Herstellung sind die Schützenpanzerwagen (SPW) 40 und 60, die sich jedoch auf Reifen durch die Landschaft kämpfen. Fahrzeuge dieser Art wurden natürlich auch von der Nationalen Volksarmee in der DDR eingesetzt. Dass ein Panzer aber auch zu zivilen Zwecken genutzt werden kann, zeigt die schwedische Firma Hägglund, die ein ebenfalls schwimmfähiges Mehrzweck- und Überschneefahrzeug entwickelte. Das Modell Bv 206 kann in seiner militärischen Variante ebenfalls in Saalfeld gesteuert werden.

Wer es lieber eine Spur kleiner mag, fährt vielleicht lieber einen Lkw der ehemaligen Zittauer Robur-Werke oder einen sowjetischen Zil 131, bei dem man lieber nicht darüber nachdenkt, dass er 40 Liter Benzin auf 100 Kilometer benötigt. Zu guter Letzt bleibt noch der gegen die Panzer harmlos wirkende Geländewagen UAZ-469, der als Jeep des Ostens bezeichnet werden kann und heute auch ein beliebtes Sammlerstück ist. Die Fahrt auf dem Gelände über Bodenwellen, durch Steilfahrstellen und durch zahlreiche Schlammlöcher wird zum Abschluss mit einem Zertifikat bescheinigt. Gute und sichere Fahrt!

Adresse Kontakt: Lars Tuckenbrodt, Oberköditz 23, 07426 Königsee, Tel. 036738/4810, www.panzerplatz.de | **Anfahrt** A 71, Ausfahrt 15 (Ilmenau-Ost), B 88 bis Königsee | **Öffnungszeiten** nach Absprache und vorheriger Terminvereinbarung | **Tipp** Wer sich wirklich an das Steuer eines Panzers traut, sollte unbedingt eine Begleitung mitbringen, die die Fahrt filmt oder fotografiert. Eine Panzerfahrt macht man nicht jeden Tag.

50 Der Spiralbohrer

Was der Heimwerker so benötigt

Zwei große ungläubige Augen und ein offen stehender Mund sprechen eigentlich schon Bände. Aber dann kommt noch die unausweichliche und leicht vorwurfsvolle Frage: »Ich dachte, wir fahren zum größten Bohrer der Welt?«

Nun, das taten wir auch. Vor dem Rathaus von Königsee, den leicht abschüssigen Marktplatz im Rücken, kann man den größten Spiralbohrer der Welt bewundern. Selbstverständlich gibt es Bohrer, mit denen man in Hunderten Metern Tiefe nach dem schwarzen Gold bohrt. Es gibt auch Bohrer, die einen Tunnel durch den Thüringer Wald graben, durch den jetzt die Rennsteig-Autobahn verläuft. Aber wahre Handwerker wissen natürlich, dass es sich dabei um andere Arten von Bohrern handelt. Es käme ja auch kein Mensch auf die Idee, den Minibohrer eines Zahnarztes mit einer Schlagbohrmaschine zu vergleichen – außer vielleicht, man leidet an Dentalphobie.

Aber man soll ja nicht in der Wunde bohren, daher kommen wir ohne Umschweife zum Thema. Beim Bohrer von Königsee handelt es sich um einen Spiralbohrer. Da muss man natürlich wissen, dass die so heißen. Man kann ihn auch als Wendelnutenbohrer bezeichnen, aber das würde jetzt wohl zu weit führen. Es ist der klassische Aufsatz auf eine handelsübliche Bohrmaschine. Die Handwerker und Hobbybastler wissen natürlich, welcher Bohrtyp gemeint ist. Nur eben mit dem Unterschied, dass dieser Bohrer 88 Kilogramm schwer ist und es auf eine Länge von über zwei Metern bringt. Der Durchmesser liegt bei 96 Millimetern. Was man damit für Löcher bohren könnte!

Hergestellt wurde der Bohrer von der Firma Werkö, die sich am östlichen Ortsrand befindet. Ob es sich also um den größten Bohrer der Welt handelt oder nicht, sei dahingestellt. Aber ein interessantes und damit ein Wahrzeichen ganz anderer Art hat sich die Stadt Königsee auf jeden Fall vor ihrem Rathaus aufgestellt.

Adresse Markt, 07426 Königsee | Anfahrt A 71, Ausfahrt Ilmenau-Ost, B 88 bis Königsee, der Marktplatz ist links, der Bohrer dann rechts | Tipp In der Klosterruine Paulinzella im Rinne-Rottenbachtal lädt das Museum zur Kloster-, Forst- und Jagdgeschichte zum Besuch ein.

51 Die Thüringer Warte

Ausflugsziel der Wessis

Bei der GPS-Position 50.518615 Nord und 11.351312 Ost müssen wir ein bisschen flunkern. Denn diese befindet sich nicht in Thüringen und damit natürlich auch nicht im Thüringer Wald. Wer sich zu dieser Position begibt, betritt bereits den nächsten Freistaat, nämlich Bayern. Die Landesgrenze zu Thüringen ist jedoch nur 120 Meter entfernt.

Zwischen dem bayerischen Lauenstein und dem thüringischen Gräfenthal erhebt sich der 678 Meter hohe Ratzenberg. Seine Nähe zu Thüringen zeigt sich schon allein dadurch, dass er als der nördlichste Berg Bayerns gilt. Dennoch könnte man eigentlich sagen, dass der Ratzenberg nur einer von vielen Gipfeln hier im Mittelgebirge sei, wäre da nicht die Thüringer Warte.

Die Thüringer Warte ist ein strahlend weißer Aussichtsturm auf dem höchsten Punkt des Ratzenbergs. Sein Aussichtsplateau in einer Höhe von rund 26 Metern überragt die Wipfel der umstehenden Bäume und bietet eine tolle Fernsicht. Der Blick reicht dabei über Gräfenthal und Probstzella hinweg bis Schmiedefeld und auf die Saalfelder Höhe. Das ist heute so, und das war auch so, als am Fuße des damals westdeutschen Turms die innerdeutsche Grenze verlief und die Besucher von nah und fern kamen, um einen Blick in den Osten, in die DDR zu erhaschen.

Gebaut wurde der Turm im Jahr 1963. Seine feierliche Eröffnung fand am 17. Juni statt – exakt zehn Jahre nach dem Volksaufstand in der DDR –, am damaligen Tag der Deutschen Einheit. In den Jahren darauf reisten nicht nur Touristen an, zu denen auch immer wieder ehemalige DDR-Bürger gehörten, die in ihr altes Land schauen wollten, sondern auch hochrangige Politiker, die das Amt als Bundesminister für gesamtdeutsche Fragen beziehungsweise innerdeutsche Beziehungen innehatten – ein Amt, das im Jahr 1991 aufgelöst werden konnte. Im Jahr nach der Fertigstellung der Thüringer Warte kam sogar der damalige Bundespräsident Heinrich Lübke zum Turm.

Adresse Ringstraße, 96337 Ludwigsstadt-Lauenstein | Anfahrt A 71, Ausfahrt 15 (Ilmenau-Ost), B 88, ab Saalfeld B 85 bis Lauenstein, Orlamünder Straße, Dr.-Erhard-Messmer-Straße, Ringstraße bis zum Wanderparkplatz | Tipp Die ältesten Teile der Burg Lauenstein stammen aus dem 12. Jahrhundert. Bei einem Besuch der nördlichsten Burg Bayerns ist der reich verzierte Orlamünde-Saal besonders sehenswert.

52 Das Haflingergestüt

Der schönste Platz auf Erden …

Helle Mähne und braunes Fell, ein fröhliches Wiehern und Schnauben, grüne Wiesen und frische Bergluft – ein idyllisches Bild, das man hautnah erleben kann.

Für Pferdefans ist der Besuch im Haflingergestüt in Meura ein großes Vergnügen. Das Gestüt mit seinen circa 350 Pferden der Rasse Haflinger ist das größte in Europa und hat für die Gäste ein vielfältiges Angebot. Bei den Haflingern handelt es sich um eine Pferderasse, die in Südtirol, vor allem in der Ortschaft Hafling, aus einer Kreuzung orientalischer und einheimischer Pferde entstand. Die Haflinger sind Gebirgspferde, die sehr ruhig und lernfähig sind. Sowohl ihre Kraft als auch ihre Sanftmut machen die liebevollen Tiere vielseitig einsetzbar, ob im Sport, in der Freizeit oder im therapeutischen Bereich mit Kindern. Das Wohlergehen der Pferde ist auf dem Gestüt die oberste Priorität. Den Sommer genießen die Tiere auf den frischen grünen Weiden, auf denen sie sich austoben können; in den Wintermonaten sind sie in geräumigen Ställen untergebracht. Die optimalen Bedingungen und die liebevolle Pflege zahlen sich aus. Die Pferde gewinnen regelmäßig Auszeichnungen in Deutschland, aber auch weltweit.

Das Gestüt ist ein anerkannter traditioneller Zuchtbetrieb und gleichzeitig ein Pferdezentrum, in dem man als Besucher die Tiere und die Arbeit auf einem Reiterhof kennenlernen kann. Das große Angebot des familienfreundlichen Unternehmens, zu dem unter anderem Urlaub auf dem Hof, Kinderferien, Fohlenschau und Haflingerstutenparaden zählen, rundet einen Aufenthalt ab.

Haben Sie schon mal naturbelassene Stutenmilch probiert? Wenn nicht, dann können Sie das hier tun. Die Stutenmilch – ein hochwirksames Naturprodukt – hat viele Ähnlichkeiten mit der menschlichen Muttermilch. Sie wird oft als Kur, zum Beispiel gegen Neurodermitis, verwendet. Der Hofladen bietet auch Stutenmilchlikör und eine Pflegeserie sowie Produkte aus der Region an.

Adresse Haflingergestüt Meura, Ortsstraße 116, 98744 Meura, Tel. 036701/31151, www.haflinger-in-meura.de | **Anfahrt** A 73, Ausfahrt 5 (Eisfeld-Nord), Richtung Eisfeld, im Kreisverkehr die dritte Ausfahrt, B 281 bis Reichmannsdorf, links auf L 2654 bis Meura | **Tipp** Die evangelische Dorfkirche von Meura stammt aus dem 18. Jahrhundert und besticht im Inneren mit einer Barockausstattung, die bis heute noch im Original erhalten werden konnte.

53 Der Meteorit

Deep Impact in Thüringen

Schritttempo fahren auf den nächsten 100 Metern – Unfallgefahr. So warnt ein Schild, wenn man sich dem Zielort nähert. Was für eine Ironie, denn der Grund, weswegen man überhaupt hier in den abseits gelegenen Wald unterwegs ist, hatte sicherlich eine deutlich höhere Geschwindigkeit. Der Meteorit von Meuselbach wurde bekannt, weil er der erste Meteorit war, dessen Flugbahn live beobachtet werden konnte. Dass solche Beobachtungen bis heute noch ein großer Zufall sind, zeigen die Videoaufnahmen von Kameras auf russischen Armaturenbrettern, die im Jahr 2013 in Tscheljabinsk einen Meteoriten aufzeichneten.

Es war nebelig, diesig und feucht, als über dem Thüringer Wald am 19. Mai 1897 ein Meteorit niederging. Ein Mädchen war am Abend, gegen Viertel vor acht, noch auf dem Feld beschäftigt, als der Besuch aus dem Weltall nur vier Meter über ihrem Kopf entlangflog und wenig später mit einem gewaltigen Krachen in die Erde einschlug. Der Aufprall soll noch in 40 Kilometern Entfernung zu hören gewesen sein. Das Geschoss hinterließ einen Krater mit einem Durchmesser von rund 20 Zentimetern und wurde schon kurz nach dem Einschlag geborgen. Dabei soll sich der Meteorit noch warm angefühlt haben, doch schon eine Viertelstunde nach dem Ereignis war er auf Umgebungstemperatur abgekühlt. Heute befindet sich ein Teil des Meteoriten in der Mineralogischen Sammlung in Jena.

Der Stein, der aus Richtung Nordnordost geflogen kam, gehörte mit einem Gewicht von 870 Gramm zu den kleineren Meteoriten, die bisher auf Deutschland niedergingen. Außerdem war er nicht der erste, der sich den Thüringer Wald als Landeplatz ausgesucht hat. Schon 43 Jahre vor diesem Impakt fand man in Tabarz einen Meteoriten. Mit 150 Gramm war dieser aber noch deutlich kleiner. Wer sich übrigens zur exakten Einschlagstelle begeben möchte, der folge seinem GPS-Gerät zu den Koordinaten 50.566673, 11.099978. Aber bitte im Schritttempo.

Adresse Hauptstraße, 98746 Meuselbach | Anfahrt A 71, Ausfahrt 15 (Ilmenau-Ost), B 88 bis Gehren, L 1047 bis Großbreitenbach, L 2648 bis Meuselbach-Schwarzmühle | Tipp Auf der Meuselbacher Kuppe befindet sich in über 800 Metern Höhe nicht nur ein Aussichtspunkt, sondern auch ein Ausflugslokal.

54__Die Glasbläser

Achtung, zerbrechlich

An 365 Tagen Weihnachten feiern – das geht nur an wenigen Orten auf der Welt. Dazu gehören zum Beispiel das finnische Rovaniemi, wo der Weihnachtsmann zu Hause ist, und das von asiatischen Touristen bevölkerte Weihnachtsmuseum in Rothenburg ob der Tauber in Franken – und natürlich Lauscha im Thüringer Wald. Denn was wäre die stille Nacht ohne Weihnachtskugeln und Christbaumschmuck, der glitzernd an Nordmanntannen und Fichten hängt?

Bis in die Mitte des 19. Jahrhunderts hat man den Christbaum mit selbst gebasteltem Schmuck verziert. Doch dann kam ein Glasbläser aus Lauscha auf die Idee, aus seinen Arbeitsmaterialien eine Kugel aus dünnem Glas herzustellen. Schnell breitete sich seine Erfindung in den weihnachtlich geschmückten Wohnzimmern aus, und noch im selben Jahrhundert gelangte sie auch über den großen Teich in die Vereinigten Staaten. Trotz der zunehmenden Konkurrenz von Herstellern in anderen Ländern überstand die Lauschaer Tradition Kriege, Krisen und die alljährliche wiederkehrende Zeit von elf Monaten, in denen Christbaumkugeln nicht gefragt sind.

Noch heute bestehen Glasgeschäfte und Galerien im Zentrum von Lauscha, und Glasbläser lassen sich bei ihrer Handwerkskunst über die Schulter schauen. Aber nicht nur dort, sondern auch in den umliegenden Ortschaften wie zum Beispiel in Neuhaus am Rennweg, wo die Familie Greiner-Mai bereits seit dem 15. Jahrhundert die Tradition des Glasblasens fortführt und schlichte Glaskolben über einer 1.300 Grad Celsius heißen Flamme zu einer Kugel aus dünnem Glas werden lässt. Doch die mühevollste Arbeit ist immer noch das Verzieren jeder einzelnen Kugel mit detailreichen Ornamenten und kleinen handgemalten Kunstwerken. Hierbei darf sich bei Greiner-Mai der Besucher der Glasbläserwerkstatt einmal in der Woche selbst versuchen. Und das zu jeder Jahreszeit. Frohe Weihnacht!

Adresse Greiner Glas-Manufaktur, Sonneberger Straße 150, 98724 Neuhaus am Rennweg, Tel. 03679/722003, www.greiner-glas-manufaktur.de | **Anfahrt** A 73, Ausfahrt 5 (Eisfeld-Nord), Richtung Eisfeld, im Kreisverkehr die dritte Ausfahrt, B 281 bis Neuhaus am Rennweg, rechts in die Bahnhofstraße | **Öffnungszeiten** Mo – Fr 9.30 – 17.30 Uhr, Sa und So 10 – 16 Uhr | **Tipp** Rund drei Kilometer südlich von Neuhaus befindet sich die Wüstung des ehemaligen Dorfes Glücksthal. Zu sehen sind dort, mitten im Wald, noch ein eingezäunter Friedhof und einige freiliegende Kellergewölbe.

55 Die Stadtkirche

Gotteshaus aus Schiefer

In der Nähe des Marktes im Stadtzentrum von Neuhaus am Rennweg befindet sich eine schöne Holzkirche – das Wahrzeichen der Stadt. Sie ist mit ihrer auffälligen zweifarbigen Schieferbekleidung nicht zu übersehen. An einem Hang gelegen, ragt sie weit in die Höhe. Das evangelisch-lutherische Gotteshaus, das aber auch von Katholiken genutzt wird, gehört zu den größten Holzkirchen Thüringens. Die Kirche wurde Ende des 19. Jahrhunderts, nicht weit entfernt von ihrer Vorgängerin, die wegen ihres schlechten Bauzustands abgetragen werden musste, erbaut. Die Einweihung erfolgte 1892, und glücklicherweise hat sie in den beiden Weltkriegen kaum Schäden erlitten.

Das Sakralgebäude wurde im neugotischen Stil gebaut. Es handelt sich dabei um eine einschiffige Kirche mit umlaufenden Emporen. Charakteristisch sind die Weinblätter- und Weintrauben-Motive, mit denen das komplett holzverkleidete Gotteshaus verziert ist. Die Kanzel, die Orgel und sogar die Leuchter sind mit Ornamenten geschmückt, die auf Verse aus der Bibel zurückzuführen sind. Das Altarbild ist eine Kopie der »Kreuzabnahme« des Barockmalers Peter Paul Rubens. Die bunten Bleiglasfenster stellen geometrische sowie florale Motive dar und bilden eine zweite Reihe der Spitzbogenfenster. In den seitlichen Anbauten befinden sich die Sakristei und die Gedächtniskapelle, in der die Namen der Einwohner der Stadt, die in den beiden Kriegen gefallen sind, verewigt wurden. Die ursprüngliche Orgel wurde in den 70er Jahren des 20. Jahrhunderts durch ein neues Instrument ersetzt. Der Uhrturm, durch den der Haupteingang in die Kirche erfolgt, wird von einem Satteldach bedeckt und von einem achteckigen Dachreiter gekrönt.

Die Kirche wurde Ende des 20. und Anfang des 21. Jahrhunderts saniert und restauriert. Das Glockenhaus befindet sich weiterhin neben dem Gebäude. Heute strahlt die Kirche in vollem Glanz und lädt die Gläubigen und Besucher zum Verweilen ein.

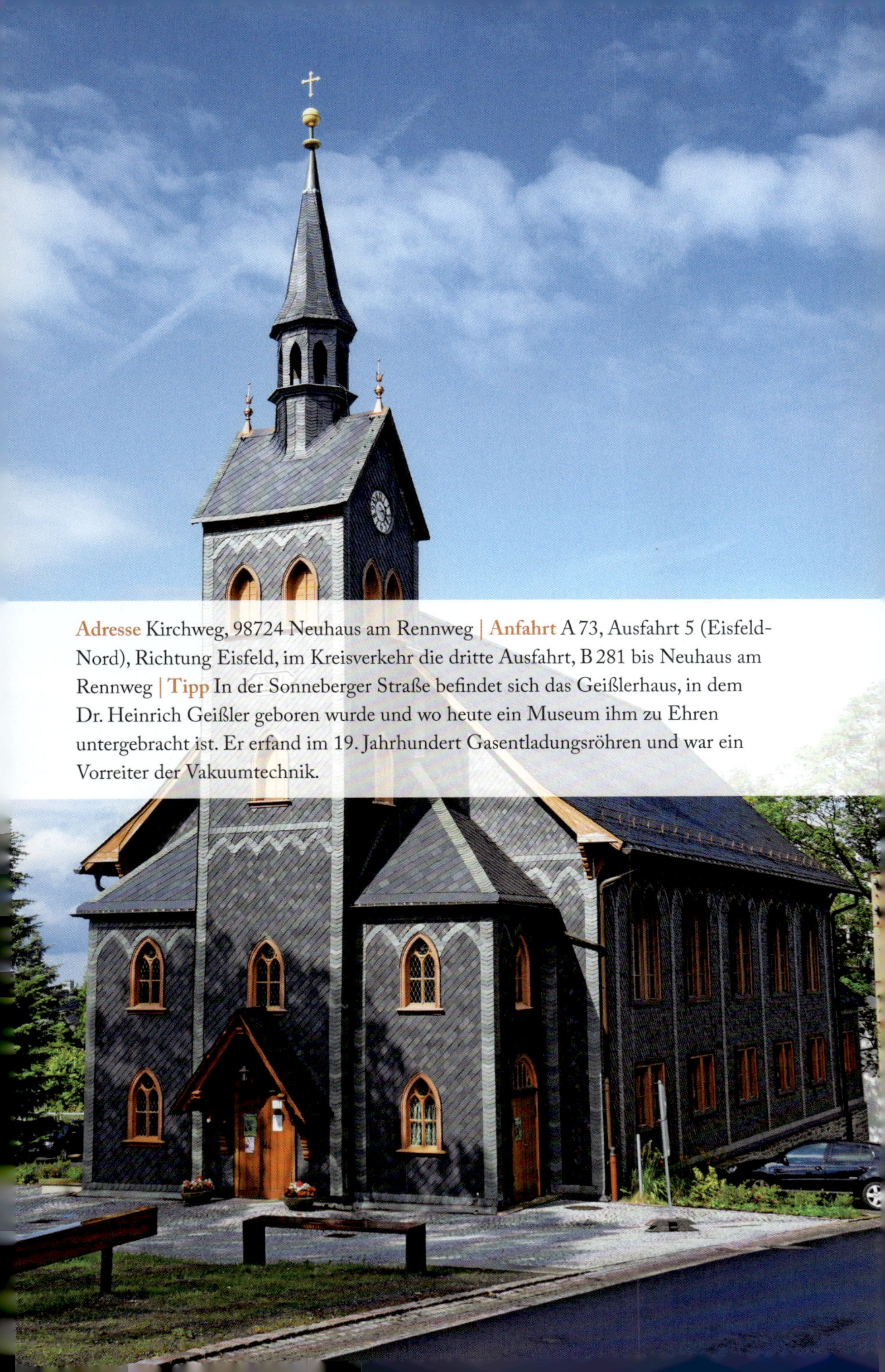

Adresse Kirchweg, 98724 Neuhaus am Rennweg | **Anfahrt** A 73, Ausfahrt 5 (Eisfeld-Nord), Richtung Eisfeld, im Kreisverkehr die dritte Ausfahrt, B 281 bis Neuhaus am Rennweg | **Tipp** In der Sonneberger Straße befindet sich das Geißlerhaus, in dem Dr. Heinrich Geißler geboren wurde und wo heute ein Museum ihm zu Ehren untergebracht ist. Er erfand im 19. Jahrhundert Gasentladungsröhren und war ein Vorreiter der Vakuumtechnik.

56__Neustadt

Ortschaft mit vielen Namensvettern

Was haben die südfinnische Ortschaft Uusikaupunki, das italienische Neapel und Neustadt am Rennsteig gemeinsam? Das wäre bei Günther Jauch vermutlich eine 32.000-Euro-Frage. Man kann die Frage auch etwas vereinfachen und damit vielleicht 500 Euro gewinnen: »Was haben Neustadt am Rennsteig, Newtown in Ohio und Nové Město na Moravě in Tschechien gemeinsam?« Den Namen, genau! Neustadt ist der am weitesten verbreitete Städtename der Welt. Allein in Deutschland tragen 20 Orte diesen Namen ohne irgendwelche Abwandlungen. Lediglich Zusätze hat fast jedes Neustadt. Da wären zum Beispiel Neustadt am Rübenberge, am Main, an der Waldnaab und an der Weinstraße. Ein Neustadt an der Donau gibt es sowohl in Deutschland als auch in Österreich. Und dort ist natürlich auch die Wiener Neustadt ein bekannter Begriff. 37 gleichnamige Städte in Polen, Tschechien, der Slowakei, Ungarn, Österreich und Deutschland haben sich zu einem Neustadt in Europa zusammengeschlossen und bilden damit die größte Städtepartnerschaft Europas.

Dazu zählt natürlich auch Neustadt am Rennsteig, das einzige Neustadt im Thüringer Wald. Hier wurde im Jahr 2004 das alljährlich stattfindende Treffen von Vertretern aller Neustädte abgehalten. Allerdings existiert in Thüringen noch ein weiteres Neustadt, nämlich am Harz. Wie schon oben erwähnt, gibt es auch im Ausland Neustädte. In Frankreich zählt man zum Beispiel über 60 Villeneuves. Und als Familienname gibt es Villeneuve auch noch, man denke nur an den Rennfahrer Jacques. In englischsprachigen Staaten gibt es einige Newtowns, allerdings erstaunlicherweise gar nicht so viele.

Aber um auf die 32.000-Euro-Frage zurückzukommen: Uusikaupunki steht natürlich für das finnische Neustadt, und der Name Neapel leitet sich von Neapolis ab, die ursprünglich altgriechische Bezeichnung für Neustadt.

Adresse 98701 Neustadt am Rennsteig | **Anfahrt** A 71, Ausfahrt Ilmenau-Ost, B 88 bis Gehren, L 1047 bis Hohe Tanne, L 1143 bis Neustadt am Rennsteig | **Tipp** Im Rennsteigmuseum in der Rennsteigstraße 46 gibt es eine Ausstellung über Rennsteigliteratur, einen Gesamtgrenzsteinkatalog, Gedichte und Wandersprüche und Informationen über Rennsteigforscher sowie über die Flora und Fauna am Rennsteig.

57__Die Strecke 85

Die Autobahn, die nie fertig wurde

»Zwei Kilometer zäh fließender Verkehr auf der Autobahn 85 zwischen Wasungen und Breitungen in Richtung Eisenach« – so würde es heute möglicherweise aus dem Radio tönen, wenn die Planungen aus den 1930er Jahren verwirklicht worden wären. Diese sahen nämlich den Bau einer Reichsautobahn zwischen Eisenach und Bamberg vor. Die als Strecke 85 bezeichnete Trasse sollte bei den Hörselbergen von der heutigen Autobahn 4 nach Süden abzweigen und parallel zur Werra durch das Tal verlaufen. Südlich von Meiningen, dort, wo die noch junge Autobahn 71 verläuft, hätte die Strecke 85 das Grabfeld und wenig später auf dem Weg nach Bamberg den heutigen Naturpark Haßberge durchquert.

Im Jahr 1938 wurde mit den Bauarbeiten begonnen, und es entstanden unter anderem bei Wutha und Fambach mehrere Widerlager für kleinere Brücken. Der zum damaligen Zeitpunkt größte Bauabschnitt befand sich östlich von Breitungen, wo eine rund zehn Kilometer lange Schneise geschlagen und eine Trasse fertiggestellt wurde. Im Jahr darauf begann der Zweite Weltkrieg, und damit wurden die Arbeiten an der Reichsautobahn 85 eingestellt. Nach Ende des Krieges war Deutschland zweigeteilt, und eine unüberwindbare Grenze trennte Bayern und Thüringen, womit die geplante Strecke 85 in Vergessenheit geriet.

Nach der politischen Wende im Jahr 1989 und der damit verbundenen Einheit entstand die Autobahn 71 zwischen Schweinfurt und Suhl, während Meiningen und Eisenach über die Bundesstraße 19 verbunden wurden. Die Strecke dieser Bundesstraße verläuft seither auch über die zehn Kilometer lange Trasse der einstigen Strecke 85. Im südlichen Bereich dieser Trasse wurde bei Niederschmalkalden im Jahr 2013 eine Brücke fertiggestellt. Als Relikt aus der Zeit des Nationalsozialismus wurde das nördliche Widerlager aus den 1930er Jahren in das Brückenprojekt integriert und hat damit nach fast 80 Jahren doch noch seinen Nutzen gefunden.

Adresse 98574 Niederschmalkalden | **Anfahrt** B 19 bis Niederschmalkalden, nach der Abfahrt unter die Brücke fahren | **Tipp** Bei einem Spaziergang entlang der Straße Zwick gelangt man an Feldern vorbei zur Mündung der Schmalkalde in die Werra.

58 Der Ausgebrannte Stein

Zu Fuß durch den Fels

Östlich von Oberhof, mitten im dichten Wald und an einem Abhang gelegen, befindet sich der Ausgebrannte Stein, der nur zu Fuß zu erreichen und ein kleiner Tunnel ist. Ab und an seilt sich eine Spinne von oben ab, aber der Felsen ist nicht lang und daher schnell durchquert.

Der Durchgang ist nicht natürlichen Ursprungs, sondern entstand als Teil des Lütsche-Flößgrabens. Dieser wurde im ausgehenden 17. Jahrhundert angelegt, um das Holz vom heutigen Oberhof bis zum Fluss Apfelstädt zu transportieren, ohne Gebühren auf fremdem Territorium zahlen zu müssen. Heute würde man wohl sagen, die Oberhofer wollten die Maut umgehen. Im Jahr 1702 war es dann so weit, und das Holz konnte zum ersten Mal in dem eigens dafür angelegten Graben transportiert werden. Er führte von Oberhof am Hang entlang bis zum Ausgebrannten Stein, am Oberen Stieglitzer Teich und der heutigen Lütschetalsperre vorbei bis Luisenthal.

Die größte Herausforderung bei diesem Projekt war der Bau des Tunnels. Das Porphyrgestein des Felsens wurde langsam mit Feuer erhitzt, mit eisigem Wasser abgekühlt und dann Stück für Stück abgeschlagen. Nach der Redewendung »Steter Tropfen höhlt den Stein« dauerte es mehrere Jahre, bis der Fels auf einer Länge von 38 Metern durchstochen war. Fortan konnte das Holz auf diesem Weg ins Tal verbracht werden – ganze elf Mal. Nach 17 Jahren stellte man den Holztransport auf dem Lütsche-Flößgraben bereits wieder ein und gab die Nutzung auf. Heute würde so ein Projekt vermutlich im Schwarzbuch des Bundes für Steuerzahler aufgeführt werden, denn wirtschaftlich waren der Graben und der Ausgebrannte Stein ein Desaster. Immerhin ist so ein interessanter Wanderweg entstanden, der mit seinen 23 Kilometern Länge an den Stationen des Flößgrabens entlangführt. Für weniger Wanderfreudige besteht auch die Möglichkeit, einem neun Kilometer langen Rundweg ab Oberhof zu folgen und auch auf dieser Tour den Tunnel zu durchqueren.

Adresse Eckardtskopf, 98559 Oberhof | **Anfahrt** A 71, Ausfahrt 18 (Oberhof), im Kreisverkehr die erste Ausfahrt, L 3247 bis Oberhof, Parkplatz gegenüber der Tankstelle am Kreisverkehr | **Tipp** Im Zentrum von Oberhof befindet sich das Exotarium, das mit zahlreichen Terrarien und Aquarien die exotische Tierwelt von Netzpythons bis zu Stabheuschrecken näherbringt.

59__Der Brandleitetunnel

Mit dem Zug durch den Berg

Wer sich etwas Zeit für eine Zugreise nehmen möchte, der sollte in Erfurt in den Regionalexpress einsteigen und mit diesem nach Schweinfurt fahren. Die Fahrt dauert etwas weniger als zwei Stunden, und man kommt durch so schöne Orte wie Arnstadt, Oberhof, Suhl und Bad Neustadt an der Saale. Doch einer der Höhepunkte dieser Zugverbindung dürfte die Fahrt durch den Brandleitetunnel sein.

Der Tunnel ist etwas über drei Kilometer lang und unterquert die bewaldeten Berge des Thüringer Waldes in Ost-West-Richtung. An seinem östlichen Portal befindet sich der Bahnhof von Gehlberg, während man nur wenig später den Bahnhof des Wintersportorts Oberhof erreicht. Hier lohnt es sich, auszusteigen und den Bahnhof mit seinem charmanten Flair vergangener Tage zu betreten. Zudem hat man von Gleis 2 einen wunderbaren Blick auf die Tunneleinfahrt des Brandleitetunnels, während linker Hand der Pfannbach plätschernd die steile Felswand herabfällt und durch einen Kanal weiter nach Zella-Mehlis geleitet wird.

Nach dreijähriger Bauzeit fuhr im August 1884 der erste Zug durch den Brandleitetunnel. Da man damals noch mit einer Dampflok reiste, führte das dazu, dass nachfolgende Züge oft in einen völlig verqualmten Tunnel einfuhren. Möglich ist dieses Erlebnis auch heute noch mit dem Rodelblitz, der in den Wintermonaten als Sonderzug zwischen Eisenach und Arnstadt durch die romantisch verschneite Landschaft schnaubt.

Eine Besonderheit des Brandleitetunnels folgte jedoch erst zur Wende zum 21. Jahrhundert, als in unmittelbarer Nähe Deutschlands längster Autobahntunnel gebaut wurde. Beide Tunnel sind nämlich an der engsten Stelle nur rund sechs bis sieben Meter voneinander entfernt und kreuzen sich kurz nach der Einfahrt von Oberhof aus. Bei einer Wanderung durch den Thüringer Wald kann man also an der Position 50.685019, 10.717912 exakt über zwei verschiedenen Tunneln stehen.

Adresse Am Bahnhof, 98559 Oberhof | **Anfahrt** A 71, Ausfahrt 18 (Oberhof), im Kreisverkehr rechts in Richtung Oberhof, nach einer Linkskurve rechts die Straße in Richtung Bahnhof verlassen | **Tipp** Einfach mal am Bahnsteig sitzen und warten, bis der Zug und die Passagiere weg sind. Wenn Ruhe einkehrt und man den Bahnhof für sich allein hat, den Flair dieses alten Bahnhofs genießen.

60 Der Grenzadler

Früher trennte er, heute ist er Treffpunkt

Der Grenzadler bei Oberhof ist ein markanter Ort. Ein Treffpunkt für Sportler. Ein Parkplatz für Touristen. Ein Etappenziel für Wanderer auf dem Rennsteig. Doch wird dem eigentlichen Vogel, nach dem der Platz benannt ist, bei all dem Trubel um ihn herum kaum Beachtung geschenkt. Dabei steht er dort schon seit 1866, also lange bevor die Sportstätten in seiner Nachbarschaft errichtet wurden.

Errichtet wurde er als Grenzstein, als der Kreis Schmalkalden an Preußen fiel und damit die Grenze zum Herzogtum Sachsen-Coburg und Gotha markierte. Der Stein ist mannshoch, nämlich genau 1,80 Meter, und an seiner Oberseite abgerundet, so wie es die preußische Verwaltung von Grenzsteinen forderte. Bis zur Preußenzeit befand sich dort ein Stein mit dem Wappen des Kurhessischen Löwen, der jedoch von den Preußen entfernt und durch das Wappen des Adlers ersetzt wurde. Ähnliche Grenzsteine aus Sandstein und mit gusseiserner Platte befinden sich übrigens auch in Bad Liebenstein, in Barchfeld und auf hessischer Seite. Auch in Mittelschmalkalden steht so ein Grenzadler. Dieser wurde im Jahr 2006 durch einen Freundeskreis reproduziert und wieder aufgestellt, um an die damalige Kleinstaaterei zu erinnern. Östlich vom Oberhofer Grenzadler, direkt am Wegesrand des Rennsteigs, erinnern hingegen zwei Denkmäler an den Luftkampf über Thüringen im Zweiten Weltkrieg.

In den letzten Jahren sind zahlreiche Sportstätten und Bauwerke rund um den Grenzadler hinzugekommen. Ein Grenzstein ist er natürlich nicht mehr, dafür jedoch ein beliebter Treffpunkt für eine Einkehr in der Thüringer Hütte oder in der Schanzenbaude. Auch als Ausgangspunkt für eine kurze Wanderung zum Schützenbergmoor oder zum Rondell dient der Grenzadler heute. Auf dem Weg dorthin passiert man übrigens einen weiteren Grenzstein. Der Stein 16 oder auch Dietzel-Geba-Stein markierte die Grenzen zwischen Sachsen-Gotha, Hessen und Sachsen, noch lange bevor es die Preußen gab.

Adresse 98559 Oberhof | **Anfahrt** A 71, Ausfahrt 18 (Oberhof), im Kreisverkehr die erste Ausfahrt, L 3247 bis Oberhof, L 1128 durch den Ort in Richtung Steinbach-Hallenberg bis zum Großparkplatz hinter der DKB-Ski-Arena | **Tipp** Bei einer kleinen Wanderung auf dem Rennsteig erreicht man das Rondell, wo sich der Rennsteiggarten als Botanischer Garten für die Gebirgsflora im Thüringer Wald präsentiert.

61__Die Rennrodelbahn

Wintersport im Juli

Schon mal Bob gefahren – im Sommer? Na dann los! Oberhof ist bekanntermaßen das Wintersportzentrum im Thüringer Wald. Da wären zum Beispiel die berühmte Schanzenanlage im Kanzlersgrund, das Biathlon-Stadion der DKB-Ski-Arena und die Rennrodelbahn, auf der man mit einem Rennrodel, einem Skeletonschlitten oder eben mit einem Bob die Eisbahn hinunterrasen kann.

Die Rennrodelbahn wurde Ende der 1960er Jahre erbaut und war damals weltweit die zweite, die künstlich vereist werden konnte. Bereits drei Mal fand die Rennrodel-Weltmeisterschaft in Oberhof statt – zuletzt im Jahr 2008, als der gebürtige Thüringer Rennrodler Felix Loch die Weltmeisterschaft für sich entscheiden konnte, genauso wie drei weitere Weltmeisterschaften im Anschluss daran. Übrigens stammen sämtliche Rennrodler, die in den letzten Jahren internationale Erfolge bei Weltmeisterschaften erzielten, aus dem Thüringer Wald.

Nach mehreren Umbauten seit ihrer Fertigstellung ist die Strecke exakt 1.354 Meter lang und besitzt 14 Kurven. Zwar wird die Bahn auch von Bobsportlern als Trainingsstrecke genutzt, jedoch fand bisher kein Weltcup in Oberhof statt. Dafür hat man hier auf dem Schützenberg auch als Nicht-Sportler die Möglichkeit, die halb offene Röhre aus der Sicht eines Bobfahrers kennen zu lernen. Im Sommer fährt man mit einer Geschwindigkeit von über 80 Stundenkilometern im Sommerbob und lernt dabei Fliehkräfte von 3 g kennen. Gesteuert wird der Bob von einem erfahrenen Piloten, der hinten sitzt. Somit hat man freie Sicht. Etwas langsamer, aber nicht weniger aufregend ist das Ice-Rafting, bei dem man mit einer Art Schlauchboot die Bahn hinabfährt. Und wer die Strecke ohne Piloten erleben möchte, der saust auf einem Gummireifen ganz allein durch den Eiskanal. Zu guter Letzt bleibt natürlich der Winterbob, bei dem man die Strecke in nur 37 rasanten Sekunden erlebt. Viel Spaß!

Adresse Bob Ice-Rafting, Crawinkler Straße 2, 98559 Oberhof, Tel. 036842/2690, www.bob-icerafting.de | **Anfahrt** A 71, Ausfahrt 18 (Oberhof), im Kreisverkehr die erste Ausfahrt, L 3247 bis Oberhof, L 1128 durch den Ort in Richtung Steinbach-Hallenberg bis zum Großparkplatz hinter der DKB-Ski-Arena | **Öffnungszeiten** verschiedene Termine, die vorab auf der Webseite angekündigt werden, in der Regel ab dem späten Nachmittag | **Tipp** Gleich nebenan kann man die DKB-Skisporthalle nicht nur besichtigen, sondern auch für Langlauf nutzen oder sich bei der Skischule anmelden.

62__Der Rennsteigtunnel

Licht am Ende des Tunnels

Es wird dringend davon abgeraten, für eine Besichtigung des Rennsteigtunnels anzuhalten. Aber das ist auch nicht notwendig, denn wer sich genau an die Geschwindigkeitsbeschränkung von 80 Stundenkilometern hält, hat fünf Minuten und 56 Sekunden Zeit, um den Anblick des Tunnels ganz in Ruhe zu genießen. Der Rennsteigtunnel ist exakt 7916 Meter lang und damit der längste Straßentunnel Deutschlands. In der Rangliste folgt auf Platz zwei der berühmte Elbtunnel in Hamburg. Doch der ist noch nicht einmal halb so lang. Zwar kann der Rennsteigtunnel nicht mit den längsten Tunneln in Norwegen und den Alpen mithalten, aber immerhin fehlen ihm nur 15 Meter, um zu den Top 20 der weltweit längsten Straßentunnel zu gehören.

Fertiggestellt wurde er im Sommer 2003, nachdem man rund fünf Jahre für den Durchbruch benötigt hatte. Er besteht aus zwei Röhren mit jeweils zwei Fahrstreifen und ist Teil der Autobahn 71, die den Thüringer Wald mit dem Harz verbindet und nach Süden bis Schweinfurt reicht. Gleich im Jahr nach seiner Einweihung erhielt er bei einem Test durch den ADAC die Auszeichnung des sichersten Tunnels in ganz Europa. In der Mitte des Tunnels hat man den höchsten Punkt erreicht, der bei rund 670 Höhenmetern liegt. Darüber befinden sich noch ungefähr 200 Meter Gestein und Waldboden, aus dem die Bäume des Thüringer Waldes wachsen.

Und auch in den Höhen des Thüringer Waldes trifft man als Wanderer auf bauliche Einrichtungen des Rennsteigtunnels. Mehrere Entlüftungstürme, die teilweise bis zu 20 Meter hoch sind, sowie zwei sogenannte Luftaustauschzentralen sorgen für frische Luft. Die beiden großen Portale des Tunnels, das Süd- und das Nordportal, verfügen natürlich auch über Rettungszufahrten und Hubschrauberlandeplätze für den Fall, dass es in Deutschlands Rekordhalter zu schweren Unfällen oder Bränden kommen sollte.

Adresse Am Bahnhof, 98559 Oberhof | **Anfahrt** A 71, Ausfahrt 18 (Oberhof), im Kreisverkehr rechts in Richtung Oberhof, nach einer Linkskurve rechts die Straße in Richtung Bahnhof verlassen | **Tipp** Den Besuch des Tunnels kann man mit einer kleinen Wanderung entlang des Floßgrabens kombinieren.

63_Das Schützenbergmoor

Auf Stegen durch das Moor

Hand aufs Herz: Wer hat beim Gedanken an Berge und Gipfel in erster Linie nicht schroffe Felskanten und hartes Gestein vor Augen? Doch der Thüringer Wald beherbergt auch Moore. Zwar kleine und wenige und nicht unbedingt mit der südenglischen Moorlandschaft Dartmoor zu vergleichen, wo der berühmte Detektiv Sherlock Holmes auf der Spur des Hundes von Baskerville war, aber immerhin Moore.

Um zum Beispiel das Schützenbergmoor als eines von mehreren Mooren im Thüringer Wald zu erreichen, startet man idealerweise am Grenzadler bei Oberhof oder am Rondell neben dem Rennsteiggarten und wandert ein kurzes Stück auf dem Rennsteig bis zur Kreuzung an Stein 16. Dort geht es dann auf einem breiten Waldweg leicht bergab in Richtung Bergbaude am Veilchenbrunnen. Nach einigen hundert Metern macht der Wald auf der rechten Seite Platz für das Schützenbergmoor, wo sich zwischen Wollgras und Torfmoosen Erdmäuse tummeln. Die dürfen das auch, denn sie hinterlassen keine Schäden. Wenn Menschen den weichen Boden betreten, hinterlassen sie Spuren, die noch in Hunderten von Jahren zu sehen sein werden.

Daher sind Moore grundsätzlich geschützt, dieses hier bereits seit dem Jahr 1967 – man kann aber auf einem Holzsteg das Moor durchwandern. Der Steg ist als Lehrpfad angelegt und informiert über die wichtige Bedeutung des Moors für die Natur. Seit mehr als 5.000 Jahren speist sich das Moor allein durch Niederschläge. Im Laufe dieser langen Zeit wandelte sich das Moos durch Absterben allmählich in Torf um, das in anderen Regionen oftmals als energiereicher Brennstoff abgebaut wurde. Zum Glück wird heute kein Torf mehr gestochen, denn sonst wäre sicherlich eines Tages auch das Schützenbergmoor verschwunden, das so viel Zeit benötigt hat, um sich trotz seiner geringen Größe so schön präsentieren zu können wie heute.

Adresse Am Grenzadler, 98559 Oberhof | **Anfahrt** A 71, Ausfahrt 18 (Oberhof), im Kreisverkehr die erste Ausfahrt, L 3247 bis Oberhof, L 1128 durch den Ort in Richtung Steinbach-Hallenberg bis zum Großparkplatz hinter der DKB-Ski-Arena | **Tipp** Vom Schützenbergmoor verläuft der Waldweg ein Stück bergab bis zum Veilchenbrunnen, wo die Bergbaude Veilchenbrunnen zur Einkehr einlädt.

64_Das Friedrich-Fröbel-Haus

Die Erfindung des Kindergartens

Den Kindergarten als Institution hält man heute für selbstverständlich, und das Angebot dieser Einrichtungen, die sich dem Kind im Vorschulalter widmen, ist vielfältig. Dieses verdankt man Pädagogen und Lehrern von einst, die erkannten, dass man die Entwicklung des Kindes von Anfang an unterstützen und fördern sollte. Einer von ihnen war der 1781 in Oberweißbach geborene Friedrich Fröbel.

Er widmete seine Arbeit der frühkindlichen Bildung und schaffte im Sinne seiner Spielpädagogik eine geeignete Institution dafür, den Kindergarten. Wie eine Pflanze in einem Garten soll das Kind gepflegt und in seiner Entwicklung unterstützt werden. Auf spielerische Weise und mit einfachen Materialien kann man dem Kind die Welt erklären. Fröbel schrieb dem Spiel und dem Spielen in der Entwicklung der Kinder eine große Rolle zu und entwarf für die bestimmten Phasen spezielle Spielgaben. Dazu zählen farbige Bälle aus Wolle sowie Kugeln und Würfel aus Holz. Heute selbstverständlich, kann man mit Hilfe dieser einfachen Mittel die Phantasie, Wahrnehmungs- und Bewegungsfähigkeiten der Kinder fördern. Fröbels Pädagogik prägt bis heute unser Vorschulwesen.

In dem Erholungsort Oberweißbach kann man sich mit dem Leben und Werk von Friedrich Fröbel vertraut machen. Direkt am Markt steht ein schönes, nicht zu übersehendes Fachwerkhaus – das Geburtshaus des Gründers des ersten Kindergartens. Innen wurde ihm zu Ehren ein kleines Gedenkmuseum eingerichtet, und in einem Laden kann man Fröbelspielzeuge und Fröbelliteratur erhalten.

Übrigens: Das Haus, in dem Fröbel 1840 den ersten Kindergarten eröffnete, befindet sich ebenso in Thüringen, und zwar in Bad Blankenburg. Es beherbergt das Friedrich-Fröbel-Museum.

Adresse Memorialmuseum Friedrich Fröbel, Markt 10, 98744 Oberweißbach, Tel. 036705/62123 | **Anfahrt** A 73, Ausfahrt 5 (Eisfeld-Nord), Richtung Eisfeld, im Kreisverkehr die dritte Ausfahrt, B 281 bis Neuhaus am Rennweg, hinter der Ortschaft im Kreisverkehr links, L 1145 bis Oberweißbach | **Öffnungszeiten** Mo–Fr 10–12 und 13–17 Uhr, Sa und So 13–17 Uhr. Von November bis April schließt es am Wochenende schon um 16 Uhr. | **Tipp** Am Fröbelhaus beginnt ein rund zweieinhalb Kilometer langer Kräuterlehrpfad als Teil des Olitätenwanderwegs, und innerhalb des Memorialmuseums lockt ein kleines Kräuterlädchen.

65 Die Oberweißbacher Bergbahn

Steile Fahrt

Es müssen nicht immer gleich die Alpen sein, wenn es um aufregende Möglichkeiten geht, Höhenunterschiede zu überwinden. Auch im Thüringer Wald verkehrt eine Standseilbahn, die es in sich hat. Die Oberweißbacher Bergbahn fährt bereits seit dem Jahr 1922 und startet in Obstfelderschmiede, einem Ortsteil von Mellenbach-Glasbach bei Saalfeld-Rudolstadt. Wenn die gelb-rote Bahn ihren Haltepunkt verlässt, geht es sofort bergauf, heraus aus dem Schwarzatal. Im Halbstundentakt überwindet die Oberweißbacher Bergbahn 323 Höhenmeter auf einer Länge von gerade mal etwas über 1,3 Kilometern. Das entspricht einer durchschnittlichen Steigung von 25 Prozent. Zugegeben, in den Alpen werden höhere Neigungswerte erreicht. Doch das Besondere an der Oberweißbacher Bergbahn ist, dass es sich um die einzige Standseilbahn Deutschlands mit einer Breitspur von 1800 mm handelt. Alle weiteren Standseilbahnen in Deutschland verkehren auf einer schmaleren Spur, meist als Meterbahn.

Ein besonderer Höhepunkt für die Fahrgäste ist auch die Fahrt in einem der Personenwagen, die auf einer Güterbühne stehen. Diese Güterbühne ist keilförmig und gleicht die 25-prozentige Steigung aus, sodass der Personenwagen in der Waagerechten hinauftransportiert wird. Auf der Hälfte der Strecke kommen sich in einer Ausweiche die Bahnen entgegen, die beide jeweils am Ende eines einzigen neun Tonnen schweren Seils befestigt sind. Das Seil läuft dabei an der Bergstation in Lichtenhain über eine Umlenkrolle.

Oben angekommen, verlässt der Personenwagen die Güterbühne und fährt nun eigenständig auf der Flachstrecke weiter nach Cursdorf, das nach zweieinhalb Kilometern erreicht wird. Wenn das Wetter mitspielt, kommt auf der gesamten Strecke auch ein Cabrio-Personenwagen zum Einsatz, sodass man unter freiem Himmel die Fahrt genießen kann.

Adresse Rothensteinweg, 98746 Obstfelderschmiede | **Anfahrt** B 281 ab Neuhaus am Rennweg, im Kreisverkehr auf die L 1145, bis Unterweißbach und dann links auf die L 1112 | **Öffnungszeiten** zwischen 6.25 Uhr und 20.08 Uhr im Halbstundentakt | **Tipp** Nach einer Fahrt mit der Bahn kann man in Cursdorf das dortige Glasapparatemuseum besuchen.

66 Der Marktbrunnen

Es plätschert leise am Brunnen

Geocacher werden in Ohrdruf ihre Freude haben. Geocacher – das sind Menschen, die mit einem GPS-Gerät oder einer App auf ihrem Smartphone ausgestattet sind und anhand von Koordinaten kleine Schätze suchen, die andere Geocacher vor ihnen dort versteckt haben. In Ohrdruf hat sich einer von ihnen die Mühe gemacht, einen sogenannten Multi zu gestalten. Dieser Schatz besteht aus mehreren Teilen und führt zu den sechs Brunnen der Stadt, unter anderem auch zum sehenswerten Marktbrunnen gegenüber vom Rathaus.

Der Marktbrunnen wurde Mitte des 16. Jahrhunderts errichtet und stand zunächst an einer etwas anderen Stelle des Marktes. Schon wenige Jahre nach seiner Errichtung wurde die Säule inmitten des Brunnens mit einer Figur des Erzengels Michael bestückt.

Michael, der hier mit Pausbäckchen und lockigem Haar dargestellt wird, hält in der rechten Hand ein Schwert, mit dem er auszuholen scheint. Interessant ist jedoch die Waage in seiner linken Hand. In einer der beiden Waagschalen steht der Teufel mit einem Mühlrad, denn dieser wollte der Legende nach beweisen, dass er schwerer wiegen würde als die menschliche Seele. In der anderen Waagschale ist auf den ersten Blick nichts zu erkennen. Auf den zweiten Blick aber auch nicht, denn dargestellt ist die menschliche Seele, die bekanntermaßen unsichtbar ist. Doch hat sie das Wiegen für sich entscheiden können, denn die Waagschale mit der menschlichen Seele hebt den Teufel deutlich in die Lüfte.

Hinter dem Erzengel befindet sich eine weitere Skulptur, die laut Tourismusverband einen Delphin darstellen soll. Doch die wasserspeiende Figur ähnelt eher einem schuppigen Lindwurm, der sich selbst verknotet hat. Bleiben wir also lieber beim Geocaching und lösen das Rätsel am Brunnen, das schließlich auch zu den anderen fünf Brunnen der Stadt führt. Sie sind die letzten von einstmals 28 Springbrunnen in Ohrdruf.

Adresse Marktplatz, 99885 Ohrdruf | **Anfahrt** A 4, Ausfahrt 42, B 247 bis Ohrdruf, links in die Bahnhofstraße bis zum Marktplatz | **Tipp** Immer am Mittwoch findet auf dem Marktplatz der Wochenmarkt statt.

67__Das Haus des Volkes

Haus mit langer Geschichte

Wer in Probstzella mit dem Zug anreist und den Bahnhof verlässt, dem wird auf der linken Seite ein mächtiges Bauwerk ins Auge fallen. Es steht leicht erhöht, von der Straße ein wenig zurückgesetzt, und präsentiert sich mit einer lachsfarbenen Fassade. Es handelt sich um das Haus des Volkes, das das Stadtbild von Probstzella dominiert.

Das Haus wurde in den 20er Jahren durch den Architekten Alfred Arndt erbaut. In Auftrag gegeben wurde es von dem Saalfelder Industriellen Franz Itting, der in der ersten Dekade des 20. Jahrhunderts bereits ein Elektrizitätswerk hatte bauen lassen. Das Gebäude in Probstzella sollte ein Hotel beherbergen und gleichzeitig den Charakter eines Volkshauses haben, das allen Bürgern offensteht. Auch ein Kino war Teil des Plans. Nach nur zweijähriger Bauzeit wurde das Haus 1927 fertiggestellt. Doch die Lage und Attraktivität Probstzellas reichte in der Anfangszeit nicht aus, um das Hotel komplett auszulasten, dafür war es schlicht zu groß. Erst zu DDR-Zeiten konnte das Haus des Volkes seine größten Erfolge feiern. Denn ausgerechnet die Lage im Sperrgebiet führte dazu, dass zahlreiche Veranstaltungen organisiert wurden, während in den Hotelzimmern Zollräume untergebracht waren. Dementsprechend folgte ein vorläufiger Niedergang nach der politischen Wende.

Das Haus des Volkes wurde einst im Bauhausstil errichtet, und während die Bauhaus-Stätten in Weimar und Dessau von der UNESCO zum Weltkulturerbe geadelt wurden, musste hier erst mal umfangreich restauriert werden. Dabei war es das größte Bauhaus-Ensemble Thüringens. Seit Oktober 2013 prangt nach 76 Jahren wieder an der Fassade der Schriftzug »Haus des Volkes«, der von den Nationalsozialisten im Jahr 1936 entfernt wurde. Heute beherbergt es neben einem Restaurant mit Bowlingbahn und finnischer Sauna auch wieder ein Hotel und lädt zu Aufenthalten in der Stadt nahe des ehemaligen Grenzstreifens ein.

Adresse Haus des Volkes, Bahnhofstraße 25, 07330 Probstzella, Tel. 036735/46057 | Anfahrt A 71, Ausfahrt 15 (Ilmenau-Ost), B 88, ab Saalfeld B 85 bis Probstzella | Tipp Östlich von Probstzella informiert in Leutenberg das Naturparkhaus über die Flora und Fauna des Naturparks Thüringer Schiefergebirge / Obere Saale.

68 Der Kolonnenweg

Zum Glück sind diese Zeiten vorbei

Ein trauriges Kapitel deutscher Geschichte ist die Teilung des Landes nach dem Zweiten Weltkrieg in die damalige BRD und DDR, von der auch der Thüringer Wald stellenweise betroffen war. Zwar verlief die innerdeutsche Grenze nicht direkt durch das Mittelgebirge, so wie es weiter nördlich im Harz geschah, der bis zur Grenzöffnung im Jahr 1989 nicht durchgehend durchquert werden konnte, doch auch die Region des Thüringer Waldes berührte zumindest die Grenze. Im Norden war es von Eisenach nicht weit bis zur Werra, wo bei Hörschel der Rennsteig beginnt und es nur noch wenige Gehminuten bis zum Kolonnenweg gewesen wären. Im Süden war besonders Probstzella betroffen, da sich dort ein Grenzbahnhof für die Bahnstrecke Berlin–München befand und alle Ein- und Ausreisenden dort kontrolliert wurden.

Im Westen machte die Grenze aus Sicht der Bewohner des Thüringer Waldes noch einen Schlenker und schloss auch Teile der Rhön mit ein. Doch es existierte ja nicht nur die Grenze allein, sondern auch die damit verbundene Sperrzone, die bis zum Jahr 1972 bis zu fünf Kilometer landeinwärts reichte. Bewohner der Sperrzone hatten einen speziellen Stempel in ihrem Ausweis, und um Besucher aus dem eigenen Land, vielleicht sogar nur aus dem Nachbarort, empfangen zu können, mussten Passierscheine ausgestellt werden.

Der Kolonnenstreifen der fast 1.400 Kilometer langen Grenze ist ein Relikt aus dieser Zeit und noch heute stellenweise sichtbar. Dieser besteht aus löchrigen Betonplatten, auf denen die Grenzsoldaten der DDR mit ihren Trabis die Grenze sicherten. Manche Touristen versuchen, die Strecke mit dem Fahrrad oder zu Fuß zu absolvieren. Doch leider ist sie durch die Schlaglöcher zwar authentisch, aber selbst Wanderer müssen aufpassen, nicht ständig umzuknicken. Doch heute zieht sich die ehemalige Grenze als Grünes Band Deutschlands durch die Wälder und bildet einen wunderbaren Naturraum. Damit ist das traurige Kapitel glücklicherweise beendet.

Adresse B 85 zwischen Probstzella und Lauenstein, 07330 Probstzella | Anfahrt A 71, Ausfahrt 15 (Ilmenau-Ost), B 88, ab Saalfeld B 85 durch Probstzella weiter in Richtung Lauenstein | Tipp Passend zum Thema lohnt sich der Besuch im Grenzbahnhofmuseum (Mi, Sa, So 13–16 Uhr) in Probstzella.

69 Mini-a-thür

Liebling, ich habe Thüringen geschrumpft

111 Orte im Thüringer Wald, die man gesehen haben muss, passen gut in ein handliches Buch. Für über 100 Orte aus Thüringen im Maßstab 1:25 braucht es da zugegebenermaßen schon etwas mehr Platz. In dem kleinen Seitental namens Lappengrund bei Ruhla ist dieser vorhanden, weshalb dort im Jahr 1999 der Miniaturenpark mini-a-thür feierlich eröffnet wurde.

Es gab sicherlich einige Zweifler, die Mitte der 1990er Jahre sagten, es sei eine verrückte Idee, einen Park zu schaffen, in dem Besucher an Modellbauten vorbeischlendern. Erst recht, wenn man bedenkt, dass die Modelle doch »nur« die Sehenswürdigkeiten Thüringens aufzeigen. Keine stolze New Yorker Freiheitsstatue, kein Brandenburger Tor und auch kein weltberühmtes Schloss Versailles. Dafür gibt es den Altvaterturm aus Lehesten, das Grenzmuseum Point Alpha bei Geisa und das Schloss Friedenstein aus Gotha. Viele der dargestellten Orte dürften die meisten Menschen außerhalb Thüringens noch nicht einmal im Original kennen, geschweige denn gesehen haben. Aber gerade das macht den Miniaturenpark aus. Hier wird die Heimat präsentiert, liebevoll und detailreich. Während sich im Innenhof der Wartburg Ritter bekämpfen und Minnesänger ihr Liedgut verbreiten, erkennt man beim Bachdenkmal jede einzelne Locke des Komponisten.

Auch einige sehenswerte Orte aus diesem Buch haben es in den Park geschafft, wie zum Beispiel das Holzhausener Bratwurstmuseum oder das schmale Haus aus Eisenach. Damit ein wenig Schnee im Winter nicht gleich den Eindruck einer frühgeschichtlichen Eiszeit hinterlässt und die Gebäude unter sich begräbt, ist ein Teil der Ausstellung in der kalten Jahreszeit in der überdachten Winterausstellung zu sehen. Übrigens: Der ehemalige Papst Benedikt XVI. war auch schon im mini-a-thür. Und zwar im Rahmen seines Besuchs der Wallfahrtskirche St. Marien Etzelsbach im Eichsfeld. Natürlich auch im Maßstab 1:25.

Adresse mini-a-thür, Karolinenstraße 46, 99842 Ruhla, Tel. 036929/60904, www.mini-a-thuer.de | **Anfahrt** A 4, Ausfahrt 40b (Sättelstädt), L 3007 bis Wutha-Farnroda, B 88 bis Thal, L 2119 bis Ruhla, im Ort rechts abbiegen | **Öffnungszeiten** Mitte April–Anfang Okt. täglich 10– 18 Uhr, Okt. bis Anfang Nov. täglich 10 – 17 Uhr | **Tipp** Im Park besteht auch die Möglichkeit zu einer Pilgerwanderung. Man erhält einen Pilgerpass und stempelt diesen an 24 Sehenswürdigkeiten im Park ab.

70_Das Tabakpfeifen-museum

Nicht nur Pfeifen

Man muss an die kleine Holztür des Museums klopfen, um Einlass zu begehren. Dann verschwindet man in dem zweistöckigen Fachwerkhaus in Ruhla und wird fortan für lange Zeit nicht mehr gesehen. Die Tür schließt sich hinter einem, und man steht mit einer netten Dame im halbdunklen Vorraum des Museums. Links die Kasse, rechts die Zugänge zu den anderen Museumsräumen. Die nette Dame weiß jede Menge Legenden über den Schmied von Ruhla und den hartgeschmiedeten Landgrafen zu berichten – eine Sage aus dem 12. Jahrhundert, die beweist, dass bereits damals das metallverarbeitende Gewerbe in Ruhla Einzug hielt.

Metallhammer, Amboss und Mühlrad sind nur einige Exponate, die im Erdgeschoss als Teile einer komplett eingerichteten Messerschmiede zu sehen sind. Auch an der Werkstatt eines Porzellanmalers kommt man vorbei, natürlich nicht, ohne über seine Geschichte informiert zu werden. Man lernt viel über die Historie von Ruhla und die Uhrenindustrie, und es dauert einige Zeit, bis man bei den Exponaten ankommt, für die man das Museum betreten hat – Tabakpfeifen. Mehrere hundert sind es an der Zahl, die sich mit reichhaltigem Dekor und liebevoll geschnitzten Details präsentieren. Zudem werden natürlich auch die aufwendigen Arbeitsschritte erläutert, die notwendig sind, um eine dieser Pfeifen fertigen zu können. Zwei Jahrhunderte lang war Ruhla ein wichtiger Produktionsort für Tabakpfeifen, die in die ganze Welt exportiert wurden. Und beim Anblick dieser prachtvollen Exemplare aus Ton, Porzellan und Meerschaum ist das damalige Interesse an einer handgeschnitzten Tabakpfeife nur allzu verständlich. Dazu kommt eine tolle Museumsführung, die sich viel Zeit für ihre Besucher nimmt und das Museum zu einem wirklich sehenswerten Ort macht. Auch das muss mal gesagt werden.

Adresse Tabakpfeifenmuseum Ruhla, Obere Lindenstraße 29, 99842 Ruhla, Tel. 036929/ 89014, www.arche-nova-ruhla.de | **Anfahrt** B 88 bis Thal, L 2119 bis Ruhla, im Ort parken | **Öffnungszeiten** Di und Do 14–17 Uhr, Mi und Fr 10–13 Uhr, Sa und So 13–17 Uhr | **Tipp** Etwas oberhalb von Ruhla befindet sich die Ausflugsgaststätte Zur schönen Aussicht, an die ein kleines Tiergehege angeschlossen ist.

71__Die Teilung von Ruhla

Kleiner Ort mit bewegter Geschichte

Mitten im Thüringer Wald gab es eine geteilte Stadt. Und diese Teilung hatte trotz der Nähe zur ehemaligen innerdeutschen Grenze nichts mit dem Eisernen Vorhang zu tun. Ruhla war schon einige Jahrhunderte vor der Existenz der DDR geteilt.

Ein nachempfundener Grenzstein am Ruhlaer Bach mitten im Ort erinnert an die Teilungen, die Ruhla im Mittelalter durchlebt hat. Die ersten Grenzziehungen in Thüringen erfolgten, wie natürlich auch in anderen Regionen, durch die Franken. Dabei orientierte man sich an unveränderlichen geografischen Merkmalen wie Gebirgszügen oder Flüssen. So entstanden die Breitunger und die Lupnitzer Mark, die im Gebiet von Ruhla aufeinandertrafen. Eine erste formelle Grenzziehung, die auch urkundlich belegt wurde, folgte im Jahr 1391, als Ruhla in ein westliches und östliches Amt aufgeteilt wurde.

Über zwei Jahrhunderte später fiel der westliche Teil des Amtes Wartburg an Johann Ernst Herzog von Sachsen-Eisenach. Der östliche Bereich ging an Johann Casimir von Sachsen-Coburg. Der Ruhlabach, der damals wie heute mitten durch den Ort fließt, galt offiziell als Grenze zwischen den beiden Landesteilen. Anfang des 17. Jahrhunderts wurde es noch ein wenig konfuser, als sich einer der Landesteile teilte und damit drei Ortsteile mit den Namen Ruhla Eisenacher Orts (EO), Ruhla Tenneberger Orts (TO) und Ruhla Uetterodschen Orts (UO) entstanden.

Bis zum Ende des 19. Jahrhunderts folgten mehrere Wiedervereinigungen und weitere Trennungen. So wurde aus Ruhla EO und Ruhla TO ein Ruhla GA, das für Ruhla Gothaischer Anteil stand, während Ruhla UO als Ruhla Weimarischen Anteils (WA) bezeichnet wurde. Die Trennung von Ruhla GA und Ruhla WA hatte sogar noch Bestand, als beide Gemeinden im Jahr 1896 Stadtrechte erhielten. Erst als im Jahr 1920 aus der Kleinstaaterei das Land Thüringen entstand, wurden die Ortsteile von Ruhla zur heutigen Stadt vereint.

Adresse Obere Lindenstraße, Ecke Köhlergasse, 99842 Ruhla | **Anfahrt** B 88 bis Thal, L 2119 bis Ruhla, im Ort parken | **Tipp** Im Ruhlaer Stadtteil Kittelsthal befindet sich die Kittelsthaler Tropfsteinhöhle, die im Rahmen einer Führung besichtigt werden kann.

72 Das Uhrenmuseum

Wie die Zeit vergeht

Wenn man durch Ruhla nach Süden fährt, passiert man auf der rechten Seite ein markantes Gebäude, das nicht so recht mit der idyllischen Umgebung von bewaldeten, sanften Hügeln zu harmonieren scheint. Der schmucklose Bau mit Klinkerfassade und sechs Etagen wurde hier 1932 errichtet. Sicherlich kein Meilenstein in der Geschichte der Architektur, aber der Standort des Gebäudes hat eine lange Tradition. Im Jahr 1862 gründeten die Brüder Georg und Christian Thiel einen metallverarbeitenden Betrieb, der sich zunächst mit Pfeifenbeschlägen befasste. Für Ruhla keine Besonderheit. Trotz der hohen Konkurrenz im eigenen Ort konnte die Firma aber erfolgreich und vor allem zügig expandieren. Nach einigen Experimenten mit Kinderspieluhren, die besonders in Übersee großen Erfolg hatten, begann man 1892 mit der Produktion von Taschenuhren. Zu Beginn waren diese Uhren zwar nicht ganz fehlerfrei und wurden von so manchem Uhrenhändler nicht gern gesehen. Doch der sehr geringe Preis und der Erfolg in Nordamerika führten dazu, dass an manchen Tagen bis zu 4.000 Taschenuhren gefertigt wurden. Dieser »Fairless« genannten Uhr folgten viele weitere Modelle. Damit konnte sich der Thüringer Wald in die Liste von Orten einreihen, in denen Uhren erfolgreich hergestellt wurden und die traditionsgemäß von der Schweiz angeführt wird.

Nach Enteignung und Bildung eines volkseigenen Betriebs wurden hier vom klassischen mechanischen Wecker über LCD-Armbanduhren bis hin zu Funkuhren auch zu DDR-Zeiten zahlreiche Uhren hergestellt und verkauft. Im sogenannten Gebäude 1 ist heute ein Museum untergebracht, das sich mit der Geschichte und der Tradition der Uhrenindustrie befasst. Bis zu 1.300 Uhren sind in der Ausstellung zu sehen, sowohl aus der Ära der Firmengründer Thiel als auch aus der Zeit der DDR. Darüber hinaus können natürlich auch Uhren der Firma Gardé gekauft werden, die als Nachfolgebetrieb die Uhrenherstellung in Ruhla übernommen hat.

Adresse Gardé Uhren, Bahnhofstraße 27, 99842 Ruhla, Tel. 036929/700, www.garde.de | Anfahrt B 88 bis Thal, L 2119 bis Ruhla | Öffnungszeiten Mo–Do 10–16.30 Uhr, Fr 10–15 Uhr, Sa 10–14 Uhr | Tipp Im nördlich gelegenen Ortsteil Thal lockt die Ruine der Scharfenburg zu einer Besichtigung und zu einem schönen Ausblick auf den Thüringer Wald.

73 Die Winkelkirche

Kirche einmal anders

Üblicherweise besteht eine Kirche aus einem Kirchenschiff und einem Glockenturm. In manchen Fällen kann der Glockenturm etwas abseits stehen. Darüber hinaus gibt es auch Rundkirchen, Stabkirchen und Basiliken mit mehreren Längsschiffen. Wenn ein Kirchenschiff über Seitenschiffe verfügt, wird dort, wo sich der Grundriss der Schiffe kreuzt, von Vierung gesprochen. In manchen Fällen erhebt sich über der Vierung dann auch noch der Turm, weshalb man vom Vierungsturm spricht. Im Mittelalter wurde beim Kirchenbau zudem noch darauf geachtet, dass das Gotteshaus geostet ist, also der Altar in Richtung Osten steht – dort, wo die Sonne aufgeht.

In Ruhla ist indes alles anders. Bei der evangelischen St.-Concordia-Kirche handelt es sich um eine Winkelkirche, bei der zwei Kirchenschiffe in einem 90-Grad-Winkel aufeinanderstoßen. Winkelkirchen sind zwar ungewöhnlich, doch die eine oder andere kann man in Deutschland finden. Dazu gehören zum Beispiel die evangelische Kirche im niedersächsischen Elsfleth oder das Gotteshaus in Boxberg bei Tauberbischofsheim. Diese Kirchen wurden allerdings erst durch einen späteren Um- beziehungsweise Anbau zu einer Winkelkirche. In Ruhla wurde aber schon beim Bau der St.-Concordia-Kirche darauf geachtet, dass zwei Kirchenschiffe entstehen. Die Form der Kirche wurde sowohl vom verfügbaren Gelände als auch von den Bürgern des Ortes vorgegeben. Der damalige Baumeister ließ vor der Errichtung des Gotteshauses sämtliche Mitglieder der Gemeinde so aufstellen, wie sie später in den beiden Kirchenschiffen sitzen würden. Nach zweijähriger Bauzeit wurde die Kirche 1662 fertiggestellt und geweiht. Lediglich die Stadtkirche von Freudenstadt wurde aus ähnlichen Gründen als winkelförmiges Sakralgebäude errichtet. Dort war der Marktplatz zu klein für die klassische Variante.

Der Altar einer Kirche dieses Typs befindet sich immer im Winkel, sodass er von allen Kirchenbesuchern gesehen werden kann. Zumindest in dieser Hinsicht sind alle Winkelkirchen gleich.

Adresse An der Gottesgabe, 99842 Ruhla | **Anfahrt** B 88 bis Thal, L 2119 bis Ruhla, im Ort parken und zu Fuß zu der schmalen Straße gehen | **Tipp** Von Ruhla aus kann man den Carl-Alexander-Turm im Rahmen einer kleinen Wanderung erreichen. Seine 111 Stufen bringen einen in eine Höhe von 21 Metern, und bei klarer Sicht ist sogar der Brocken im Harz erkennbar.

74 Das Feenweltchen

Von Feen und anderen Wesen

Wer kennt sie nicht, die sanften Fabelwesen, die tanzend durch die Lüfte schwirren, auf Blättern sitzen und – so erhofft man es sich meistens – drei Wünsche zur Erfüllung bringen?

Einer Fee zu begegnen war schon immer ein eher schwieriges Unterfangen. In der heutigen Gesellschaft, in der man sich der Einfachheit halber lieber eine Feen-App auf das Smartphone herunterlädt, dürfte es wohl unmöglich sein, auf eine Fee zu treffen. Was dann allerdings eher mit dem Verhalten des Menschen zu tun haben dürfte, der lieber auf sein Display schaut, wenn er durch den Wald spaziert.

Doch im Thüringer Wald gibt es einen Ort, wo einem die Begegnung mit einer Fee versprochen wird. Das Feenweltchen ist ein kleiner Wald in der Nähe der Saalfelder Feengrotten, in dem besonders die Kleinen auf ihre Kosten kommen. Nach dem Passieren der sogenannten Feenpforte tauchen die Besucher in das Reich Anderswelt ein. Hier gibt es einen Garten der Feenpflanzen, den Hain der scheuen Lichtelfen und das Reich der Waldgeister, wo Kinder in fabelhaften Spielelementen jede Menge Abenteuer bestehen können. Am Ende des Feenweltchens wartet schließlich das Feenwipfelschloss mit einer Zauberrutsche auf die kleinen Besucher.

Spielerisch können die Kinder der Klangwippe Glockentöne entlocken, ihre Sinne testen oder sich im Feenpavillon selbst in eine Fee verwandeln. Und wem das nicht genügt, der begibt sich am besten noch ins Grottoneum, ein Mitmach-Museum, in dem Moleküle zusammengepuzzelt, Gestein gefördert oder ein echter Tropfstein aus der Nähe beobachtet werden kann. Außerdem erhält man hier das heilende Wasser der Saalfelder Feengrotten.

Der eigentliche Höhepunkt sind natürlich die faszinierenden Grotten am Rande der Stadt, sie können bei einem Rundgang besichtigt werden. Und wer weiß, vielleicht trifft man ja auch hier auf die zauberhaften Feen.

Adresse Feengrotten, Feengrottenweg 2, 07318 Saalfeld, Tel. 03671/55040, www.feengrotten.de | **Anfahrt** A 71, Ausfahrt 15 (Ilmenau-Ost), B 88, B 85 und B 281 bis Saalfeld, kurz vor dem Ortsausgang halb links auf den Feengrottenweg | **Öffnungszeiten** Mai–Okt. täglich 9.30–17 Uhr, Nov.–April täglich 10.30–15 Uhr | **Tipp** Ein Spaziergang durch den Schlosspark von Schloss Saalfeld ist lohnenswert. Das barocke Gebäude ist heute Verwaltungssitz, präsentiert sich aber auch von außen sehr sehenswert.

75__Das größte Märchenbuch der Welt

Rapunzel in Übergröße

Das wohl größte Märchenbuch der Welt befindet sich mitten im Thüringer Wald, genauer gesagt in Dittrichshütte, einem Ortsteil der Gemeinde Saalfelder Höhe. Die Märchen Rumpelstilzchen, Das tapfere Schneiderlein, Die sieben Raben, Der Froschkönig, Der gestiefelte Kater, Der Wolf und die sieben Geißlein, Frau Holle, Tischlein deck dich, Rapunzel, Der kleine Muck und natürlich auch Rotkäppchen wurden auf jeweils eine Textseite gekürzt und können nun in diesem rekordverdächtigen Buch als Gutenachtgeschichte vorgelesen werden.

Das Umblättern der Seiten gestaltet sich gar nicht so schwierig, was man für eine einzelne Seite mit einem Gewicht von 52 Kilogramm annehmen könnte. Das Buch steht mit seiner gesamten Höhe von knapp über vier Metern aufrecht in einem Raum und lässt sich über eine Art Schiene umblättern. Doch die Kinder- und Jugenderholung Dittrichshütte hat noch mehr zu bieten als das größte Märchenbuch der Welt. Auf einer rund einen Kilometer langen Allwetterrodelbahn kann man einen Hang hinabsausen, oder man durchquert einen Irrgarten, dessen Wege ebenfalls eine Gesamtlänge von fast 1.000 Metern haben und von über 2.000 Koniferen begrenzt sind. Den Freizeitmöglichkeiten scheinen fast keine Grenzen gesetzt zu sein. Neben den klassischen Sportmöglichkeiten wie Volleyball, Tischfußball und einer Kegelbahn wird in spielerischer Weise auch informiert und gelernt. Bei einer geführten Wanderung erfahren die Kinder zum Beispiel Wissenswertes über Kräuter, während beim Schminken oder Seidenmalen Kreativität gefordert ist. Und mit einem echten Fahrschulauto können sich die jungen Besucher fühlen wie die Großen. Apropos Größe: Das größte Märchenbuch der Welt gibt es auch in einer Papierversion zum Mitnehmen. Dann hat es das für Hosentaschen handliche Maß von DIN A6.

Adresse Kinder- und Jugenderholung Dittrichshütte e. V., Panorama 1, 07422 Saalfelder Höhe OT Dittrichshütte, Tel. 036741/57000, www.dittrichshuette.de | **Anfahrt** A 71, Ausfahrt 15 (Ilmenau-Ost), B 88 bis Bad Blankenburg, L 2383 bis Saalfelder Höhe | **Tipp** Auf dem Weg zum Märchenbuch passiert man das Friedrich-Fröbel-Museum in Bad Blankenburg. Es informiert über die Anfänge der ersten Kindergärten, die von Fröbel konzeptioniert wurden.

76 Die Windmühle Dittrichshütte

Windenergie in klassischer Form

Obwohl der Freistaat Thüringen nicht an der Küste liegt, zählt das Bundesland ganze 64 Windmühlen. Damit kann es zwar nicht mit den Niederlanden oder mit Niedersachsen mithalten. Doch im Vergleich mit dem ungefähr gleich großen Bundesland Schleswig-Holstein und seinen gerade mal 110 Windmühlen kann es sich durchaus sehen lassen.

Doch von den 64 Windmühlen befinden sich gerade einmal zwei im oder am Thüringer Wald. Da wäre die Windmühle in Eliasbrunn bei Remptendorf, die es zwar in das Wappen des Ortes geschafft hat, aber heute nur mehr ohne Flügel zu sehen ist. Die zweite und damit einzig vollständige Windmühle im Thüringer Wald erhebt sich hingegen in Dittrichshütte.

Es handelt sich um eine Turmwindmühle, auch Turmholländer genannt, die im Jahr 1865 gebaut wurde. Bis zu diesem Zeitpunkt mussten die Bauern von Dittrichshütte bis Schwarzburg reisen, um ihr Getreide mahlen zu lassen. Fast 90 Jahre war die Mühle in Betrieb, bis sie nicht mehr benötigt wurde und im Laufe der Zeit immer mehr verfiel.

Anfang der 1970er Jahre sorgten Bürger von Dittrichshütte dafür, dass die Gemeinde die Mühle kaufte. Zehn Jahre waren sie damit beschäftigt, die Mühle zu sanieren. Seit 1981 ist in der einzigen Windmühle des Thüringer Waldes ein kleines Heimatmuseum eingerichtet, das nicht nur die Geschichte der Mühle und der Ortschaft erzählt, sondern auch das Mühlwerk zeigt. Dieses konnte im Originalzustand erhalten werden und besteht aus einer aus Eichenholz hergestellten Flügelwelle.

Übrigens, einen Mühlentyp wie diesen mit seinen vier klassischen Flügeln gibt es in den mühlenreichen Niederlanden nur noch vier Mal. Alle anderen dortigen Mühlen haben einen anderen Baustil.

Adresse An der Windmühle, 07422 Saalfelder Höhe-Dittrichshütte | Anfahrt A 71, Ausfahrt 15 (Ilmenau-Ost), B 88 bis Bad Blankenburg, L 2383 bis Unterwirbach, K 177 bis Dittrichshütte | Öffnungszeiten Mai–Okt. So 14–16 Uhr | Tipp Empfehlenswert ist die Besichtigung der Burgruine Greifenstein in Bad Blankenburg, die flächenmäßig zu den größten Burgruinen Deutschlands gehört.

77 Die Murmelsammlung

Wo die Murmeln rollen

Klicker, Knicker, Marbeln, Schussern bezeichnen ein und dasselbe Spielzeug – Murmeln. Wer kennt sie nicht, die bunten Glaskugeln, die man einst auf dem Schulhof klickerte? Heute sind sie nicht mehr so weit verbreitet wie in vergangenen Tagen. Aber da sich jede Mode wiederholt, werden auch Murmeln eines Tages wieder gefragt sein. Und dann ist es gut, wenn man vorbereitet ist. Dabei hilft zum Beispiel das Murmelmuseum in Sachsenbrunn. Das einzige in ganz Europa.

Dass sich das kleine Privatmuseum an der Deutschen Spielzeugstraße befindet, ist eher Zufall, denn – und das sollte man gleich eingangs wissen: Die Herstellung von Murmeln diente ursprünglich nicht nur dem Freizeitvergnügen, sondern ganz im Gegenteil auch als Munition für die Artillerie in der ersten Hälfte des 19. Jahrhunderts. Diese Murmeln waren selbstverständlich nicht so schön bunt und aus Glas wie die, die wir heute zum Spielen kennen. Doch sie waren genauso rund, wie man es von einer Kugel erwartet. Und damit sind sie bis heute auch Namensgeber für aktuelle Explosivmunition, die man richtigerweise als Patrone bezeichnet. Doch in welcher amerikanischen Krimiserie ist von einer Patrone die Rede, wenn der Bösewicht doch lieber mit der Kugel drohen kann?

Im Murmelmuseum werden Kugeln beziehungsweise Murmeln in zahlreichen Farben und Größen und aus verschiedenen Materialien gezeigt. Untergebracht ist die Ausstellung passenderweise in den Kellerräumen einer ehemaligen Märbelmühle, in der früher Murmeln in sich drehenden Holzbottichen hergestellt wurden. Angetrieben wurden die Holzfässer durch drei Mühlräder, die in Zukunft auch wieder funktionstüchtig sein sollen.

Bis dahin kann man sich im Atelier der beiden Besitzer, die als bildende Künstler tätig sind, auch ihre anderen Werke anschauen oder sich mit einigen farbenfrohen Glasmurmeln klickernd die Zeit vertreiben.

Adresse Murmelmuseum, Hauptstraße 157, 98678 Sachsenbrunn, Tel. 03686/615262, www.bleistiftzeichnung.de | **Anfahrt** A 73, Ausfahrt 5 (Eisfeld-Nord), Richtung Eisfeld, im Kreisverkehr die dritte Ausfahrt, B 281 bis Sachsenbrunn, im Ort rechts auf die Hauptstraße bis zum Murmelmuseum | **Öffnungszeiten** nach telefonischer Voranmeldung | **Tipp** Das Murmelmuseum liegt in unmittelbarer Nähe zum Einstieg in den Werra-Burgensteig, sodass man hier eine Etappe auf dem Wanderweg bis Eisfeld wandern kann.

78 Die Tanzlinde

Wo das Tanzbein geschwungen wird

Das berühmte Baumhaus der Familie Robinson ist fast nichts gegen die Tanzlinde in Sachsenbrunn. Mitten im Ort, am Ufer der Werra, wächst die Linde sowohl in die Höhe als auch in die Breite und lädt dazu ein, innezuhalten. Über eine Leiter mit neun Holzstufen gelangt man in eine Höhe von fast zwei Metern, wo sich ein Podest auf den unteren Ästen des Baumes befindet. Wenn der Baum im Frühsommer seinen kräftigen Lindenduft verströmt und man auf dem Holzpodest steht, kann man sich kaum etwas Romantischeres und Idyllischeres vorstellen. Während in Thüringen und in Franken eine Handvoll Tanzlinden wachsen, sind sie im übrigen Deutschland fast gar nicht verbreitet oder gar bekannt.

Das Alter der Linde in Sachsenbrunn wird auf weit über 300 Jahre datiert, und man schätzt, dass der Baum kurz nach Ende des Dreißigjährigen Krieges gepflanzt wurde. Eine erste schriftliche Erwähnung erhielt die Sachsenbrunner Tanzlinde im Jahr 1662. Um aus einer Linde eine Tanzlinde zu machen, benötigt man viel Geduld und mehrere Generationen. Die unteren Äste müssen über Jahrzehnte hinweg in die richtige Richtung gezogen und geleitet werden, sodass später das Tanzpodium darauf errichtet werden kann.

Das allein reicht jedoch nicht aus. Immerhin hat die Plattform einen Durchmesser von rund sieben Metern und bietet nicht wenigen Menschen Platz zum Tanzen. Daher wurden die Äste der Linde unterhalb der Plattform mit Stützen aus Sandstein versehen. Die Äste des Baumes sind mittlerweile so lang, dass sie unter der Tanzfläche nach außen ragen und nach oben wachsen. Das macht die Tanzlinde in Sachsenbrunn erst so richtig gemütlich, denn dadurch entsteht ein beinahe geschlossener Raum rund um den dicken Stamm.

Das Wahrzeichen von Sachsenbrunn ist noch heute Mittelpunkt von Veranstaltungen und natürlich Veranstaltungsort für das regelmäßig stattfindende Lindenfest.

Adresse Hauptstraße, 98678 Sachsenbrunn | **Anfahrt** A 73, Ausfahrt 5 (Eisfeld-Nord), Richtung Eisfeld, im Kreisverkehr die dritte Ausfahrt nehmen und auf der B 281 bis Sachsenbrunn fahren. Im Ort rechts auf die Hauptstraße abbiegen. Die Tanzlinde befindet sich auf der linken Seite. | **Tipp** Östlich von Sachsenbrunn erhebt sich der Bleßberg, auf dem man täglich zwischen 11 und 17 Uhr einen 30 Meter hohen Aussichtsturm direkt neben dem Bleßberger Sender erklimmen kann.

79_Die Werraquelle

Aus der Mitte entspringt ein Fluss

Es gibt einfache Flüsse, und es gibt komplizierte Flüsse. Die Ruhr in Nordrhein-Westfalen ist zum Beispiel ein einfacher Fluss. Sie entspringt klar und deutlich im westfälischen Sauerland, verlässt das Bundesland nicht und mündet in Duisburg ganz ohne Aufhebens in den Rhein. Der Nil in Afrika ist hingegen ein komplizierter Wasserlauf. Da ist die Rede von einem blauen und einem weißen Nil, dessen Quellen vor noch nicht einmal einhundert Jahren entdeckt wurden. Und die Mündung ist als Delta eineinhalbmal so groß wie das Bundesland Thüringen.

Und dann wäre da noch die Werra, die mehr Nil als Ruhr ist. Man sagt, sie habe gleich zwei Quellen. Die als allgemeingültig anerkannte Quelle befindet sich bei Fehrenbach und wurde im Jahr 1897 gefasst. Aus einer kleinen halbrunden Mauer aus Naturstein schaut ein bronzener Löwenkopf hervor, aus dessen Maul unablässig Wasser fließt. Böse Zungen behaupten, die Werraquelle sei ein sabbernder Löwe. Gleich daneben hängt eine Gedenktafel für den Förster Georg Schröder, der die Quelle einfassen ließ. Doch es gibt eine zweite Quelle. Diese wurde 13 Jahre später gefasst und befindet sich bei Siegmundsburg, einem Ortsteil von Neuhaus am Rennweg. Sie wird auch als hintere Werraquelle bezeichnet. Das Wasser, das aus ihr hervorsprudelt, wird jedoch Saar genannt – genau wie der Fluss im Saarland. Die Saar in Thüringen findet jedoch ein schnelles Ende. Schon in Sachsenbrunn vereinigt sich die Saar mit dem Wasser aus der älteren Werraquelle. Gerne und oft wird darüber diskutiert, welches nun die eigentliche Werraquelle ist. Jeder hält »seine« Quelle natürlich für die einzig Wahre.

Übrigens: 400 Meter fehlen der Werra, dann hätte sie eine Länge von 300 Kilometern erreicht. Und noch etwas macht sie besonders: Sie mündet nicht einfach in ein Meer oder in einen anderen Fluss, wie es ein Fluss für gewöhnlich tut. Sondern sie bildet zusammen mit der Fulda bei Hann. Münden ein neues Gewässer – die Weser.

Adresse Sophienauer Straße, 98678 Sachsenbrunn | **Anfahrt** A 73, Ausfahrt 5 (Eisfeld-Nord), Richtung Eisfeld, im Kreisverkehr die dritte Ausfahrt nehmen und auf der B 281 bis Sachsenbrunn, am Ende des Ortes die Sophienauer Straße bis zum Ende fahren, weiter zu Fuß auf dem Wanderweg | **Tipp** Nördlich der Werraquelle erhebt sich der 841 Meter hohe Eselsberg mit dem Aussichtsturm Rennsteigwarte. Dieser bietet eine weite Fernsicht. An seinem Fuße befindet sich ein Ausflugslokal.

80__Die alte Autobahn 4

Nie wieder Stau

Ein Käfer wartet auf dem Pannenstreifen. Eine Blindschleiche zieht an ihm vorbei. Und weil sie so schleicht, wird sie von einer Heuschrecke gedrängelt. Man könnte meinen, man schaue dem Treiben auf einer Autobahn zu. Ach, Moment – hier ist, nein, hier war einmal eine Autobahn. Bis vor wenigen Jahren quälte sich hier der Autoverkehr zwischen Eisenach und Gotha am Südrand der Hörselberge auf einer schmalen vierspurigen Autobahn. Wer von Osten kommend auf Eisenach zusteuerte, hatte links einen wunderbaren Ausblick auf den Thüringer Wald, während auf der rechten Seite der bewaldete Hang der Hörselberge steil aufragte.

Es war ein enges Stück Autobahn, das kaum freie Fahrt zuließ. Doch das änderte sich zwischen den Jahren 2008 und 2010, als man nördlich der Hörselberge eine neue Trasse baute. Dort verläuft die Autobahn 4 zwar nun mit sechs Spuren deutlich breiter, aber durch eine von der Landwirtschaft geprägte Landschaft wesentlich unspektakulärer. Für den Bau der neuen Autobahn wurde das Material der alten Fahrbahnen teilweise wiederverwendet – Autobahnrecycling.

Zurückgeblieben ist eine breite Schneise, die wie eine Narbe im Wald wirkt. Doch sie wird verheilen und eines Tages kaum noch sichtbar sein. Aber das wird noch Jahre dauern. Bis dahin kann man die alte Trasse gut erkennen, und es ist ein seltsames Gefühl, dort durch einen völlig ruhigen Wald zu schlendern, wo einstmals Lkws, Trabis und Porsches entlangeilten. Ab und an trifft man dabei auf Überreste, wie zum Beispiel auf die Sitzbänke einer alten Raststätte. Besonders gut erreicht man die alte Autobahn in Sättelstädt, wo sie nur wenige Meter von den Wohnhäusern entlang verlief. Verlässt man das nun ruhigere Dorf durch die Kirchdorfgasse, dann erreicht man nach wenigen Metern auf der rechten Seite den – welche Ironie – Fuchs-Hase-Wanderweg. Durch den dichten Weg gelangt man hinauf zum Pannenstreifen, wo vielleicht immer noch der Käfer wartet.

Adresse Kirchdorfgasse, 99820 Sättelstädt | **Anfahrt** A 4, Ausfahrt Sättelstädt, auf die B 7 rechts nach Sättelstädt und vor der Überquerung der Hörsel halb rechts in die Gothaer Straße, dort unter der Unterführung zum Wanderparkplatz und weiter zu Fuß durch die Kirchdorfgasse | **Tipp** Spurensuche auf der alten Autobahntrasse. Einfach die Augen auf den Boden richten und schauen, was man alles an Autoteilen im Waldboden findet.

81 Das Rennsteiglied

Singend auf dem Wanderweg

»Thüringen, holdes Land, wo meine Wiege stand, Frühling ist überall, Freude und Lust.« So beginnt die Hymne des Bundeslandes Thüringen. Sie wurde in Weimar komponiert, hat aber keine staatsrechtliche Bedeutung. Und – das muss man einfach so sagen – kaum einer kennt sie. Besonders im Thüringer Wald hat ein ganz anderes Lied eine viel größere Bedeutung. Das Rennsteiglied wurde vom Suhler Lehrer Karl Müller getextet. Dieser wurde später mit dem Bundesverdienstkreuz ausgezeichnet. Sein langjähriger Freund Herbert Roth, ebenfalls aus Suhl stammend, komponierte dazu die Melodie.

Das Lied handelt in drei Strophen vom Wandern auf dem Rennsteig und beschreibt, wie schön es ist, sich zwischen Buchen, Fichten und Tannen jodelnd durch den Thüringer Wald zu bewegen. Das »schönste Plätzchen dieser Welt« wird im Refrain als Sehnsuchtsort besungen, wenn man in der Welt unterwegs ist.

150 begeisterte Menschen lauschten am 14. April 1951 den Klängen des Rennsteigliedes, das in Hirschbach zum ersten Mal gespielt wurde. Herbert Roth sang es zusammen mit seiner langjährigen Gesangspartnerin Waltraut Schulz und stellte das Lied damit dem Publikum vor. Der Ort dieser ersten Darbietung war das Gasthaus »Zum goldenen Hirsch«, das an der Wende zum 20. Jahrhundert als Fachwerkhaus errichtet wurde. Bis zum Ende der DDR war der Gasthof das kulturelle Zentrum des Dorfes. Jede größere Familienfeier und jede Dorfkirmes fand im oder am damaligen Gemeindesaal statt. Erst im Jahr 2008 musste das Gasthaus Insolvenz anmelden und wurde zwei Jahre später von den heutigen Besitzern wiedereröffnet. Die Geschichte des Hauses wurde dabei aber glücklicherweise nicht vergessen. Das Restaurant im Untergeschoss trägt nicht nur den Namen Herbert Roth, sondern beherbergt auch eine Wand mit historischen Fotos und Erinnerungen an die beiden Väter des Rennsteigliedes, Herbert Roth und Karl Müller.

Adresse Hotel & Gasthof Zum Goldenen Hirsch, Hauptstraße 33, 98553 Hirschbach, Tel. 03681/452180, www.hirsch-hirschbach.de | Anfahrt A 73, Ausfahrt 3 (Suhl-Friedberg), L 3247 bis Sankt Kilian | Öffnungszeiten Mi–So 12–20 Uhr | Tipp Nach einer Einkehr im Hotelrestaurant lohnt sich der Besuch des Naturhistorischen Museums im Schloss Bertholdsburg im fünf Kilometer entfernten Schleusingen.

82__Die Drehorte im Thüringer Wald

Und Action!

Hollywood in Thüringen? Ganz so weit ist es noch nicht, dass auf dem Großen Inselsberg ein weithin sichtbarer Schriftzug eine Traum- und Medienwelt ankündigen würde. Aber trotzdem wird der Thüringer Wald oft und gern als Kulisse für Filme herangezogen. Sicher, zwischen Eisenach und Saalfeld werden nicht die Blockbuster eines Roland Emmerich gedreht. Aber namhafte Filme sind es dennoch, die bei der Frage nach dem Drehort den Thüringer Wald nennen können.

So entstand hier zum Beispiel im Jahr 2011 die deutsche Verfilmung von Mark Twains Romanabenteuer »Tom Sawyer«. Mit von der Partie waren Heike Makatsch, Benno Fürmann und Joachim Król. Den Mississippi kann die Mittelgebirgslandschaft zwar nicht bieten, aber eine Szene, die auf einem bewaldeten Friedhof spielte, wurde in Ruhla gedreht.

Fast gleichzeitig drehte man unter anderem in Tambach-Dietharz einige Szenen für den Kinderfilm »Löwenzahn – das Kinoabenteuer«, der auf der berühmten Fernsehserie basiert.

Natürlich ist auch die Wartburg in Eisenach ein beliebter Drehort. »Rubinrot« mit Veronica Ferres entstand hier, der erste Teil einer Fantasy-Trilogie nach einem Roman von Kerstin Gier. Sir Peter Ustinov und Uwe Ochsenknecht spielten hingegen im Film »Luther«, der – wie könnte es auch anders sein – ebenfalls auf der Wartburg gedreht wurde. Doch es gibt auch Filme, die nicht nur in Thüringen gedreht wurden, sondern auch in Thüringen spielen. »Sushi in Suhl« ist ein Spielfilm aus dem Jahr 2012 und erzählt die wahre Geschichte des Kochs Rolf Anschütz, der in Suhl das einzige japanische Restaurant der DDR betrieb. In Schmalkalden ist noch heute das leer stehende Wirtshaus Zur Wilhelmsburg zu sehen, das als Kulisse für das Sushi-Restaurant diente.

Adresse Schloßberg, 98574 Schmalkalden | **Anfahrt** A 71, Ausfahrt Meiningen-Nord, B 19 bis Niederschmalkalden, L 1026 bis Schmalkalden-Zentrum | **Tipp** Bei einem Spaziergang durch die Altstadt von Schmalkalden sieht man nicht nur das Wirtshaus, das als Filmkulisse diente, sondern auch die spätmittelalterlichen Fachwerkhäuser und die zweitürmige Stadtkirche St. Georg.

83_Die Thüringer Waldquell

Prost

90 Minuten. So lang wie ein Fußballspiel. So lange dauert auch der Weg eines Wassertropfens von der Quelle bis in die Flasche – überspitzt formuliert. Das Unternehmen Thüringer Waldquell zeigt dem Besucher ebendiesen Weg des Wassers in einer eineinhalbstündigen Führung durch den Brunnenbetrieb.

Aus zwei Quellen im Thüringer Wald, der Thüringer Waldquell-Quelle und der Rennsteigquelle, entnimmt das Unternehmen frisches Wasser und füllt damit über 100 Millionen Liter Erfrischungsgetränke pro Jahr ab. Dabei nutzt man das Wasser für rund 50 verschiedene Produktsorten. Diese reichen vom Mineralwasser mit oder ohne Kohlensäure bis hin zu Limonaden mit verschiedenen Geschmacksrichtungen wie den Klassikern Orange und Zitrone. Etwas exotischer wird es mit Maracuja und Waldler Kräuter. Aber auch das Mineralwasser ist mit verschiedenen Geschmacksrichtungen wie Kirsche, Mango, Pfirsich, Erdbeere und einigen anderen angereichert.

Bekannt ist Thüringer Waldquell aber vor allem auch durch die Vita-Cola, die zu Zeiten der DDR in über 200 Betrieben abgefüllt wurde. Mit der deutschen Einheit verschwand die DDR-Cola zwar zunächst, hatte aber Mitte der 1990er Jahre ein Comeback und ist innerhalb Thüringens die beliebteste Cola, noch vor den bekannten Marken aus Nordamerika. Vielleicht ist es daher ganz gut für Coca und Pepsi, dass Thüringer Waldquell nur im regionalen Bereich aktiv bleibt und durch kurze Transportwege einen aktiven Beitrag zum Klimaschutz leistet. Genauso wie die fast 9.000 Quadratmeter Sonnenkollektoren auf den Hallendächern, die den Strombedarf des Unternehmens decken. Die 90-minütige Führung beginnt am Besucherzentrum, führt zum Brunnenhäuschen und an den Mineralwassertanks vorbei bis zu den Produktionshallen. Keine Frage natürlich, dass man sich unterwegs erfrischen kann. Die Auswahl ist groß genug.

Adresse Thüringer Waldquell Mineralbrunnen GmbH, Kasseler Straße 76, 98574 Schmalkalden, Tel. 03683/6800, www.twq.de | Anfahrt A 71, Ausfahrt Meiningen-Nord, B 19 bis Niederschmalkalden, L 1026 bis zum Kreisverkehr am Firmengelände | Öffnungszeiten Führungen nur von Mo – Fr nach vorheriger Anmeldung | Tipp Gleich im Anschluss sollte man direkt weiter zum nächsten Lebensmittelbetrieb, der Viba Nougat-Welt, gehen, die sich nur 500 Meter entfernt befindet.

84__Viba Nougat

Süßer geht's nicht mehr

Ein ganz besonderes und vor allem süßes Erlebnis kann man in der Viba Nougat-Welt in Schmalkalden genießen. In einem Gebäude, das einer Praline nachempfunden ist, werden unter anderem zarte Nougatstangen hergestellt und angeboten. Das Besondere daran: Man darf bei der Produktion zuschauen und lernt, wie zum Beispiel filigrane Schriftzüge auf geschmackvolle Schokoladenprodukte gezeichnet werden. Schon beim Betreten des Gebäudes taucht man in eine Welt voll Schokolade ein und darf sich sicher sein, am Ende des Tages an Hüftgold gewonnen zu haben.

Die Geschichte der Firma reicht bis in das Jahr 1893 zurück, als der Firmengründer Willi Viebahn mit seiner Schwester Anna Reim ein kleines Café mit Süßwarenproduktion gründete. Es dauerte jedoch noch über ein Vierteljahrhundert, bis die maschinelle Nougatfertigung begann und die ersten Nougatstangen hergestellt wurden. Nach der vorläufigen Verstaatlichung durch die DDR entstand Ende des letzten Jahrhunderts die Viba Süßwaren GmbH, die wenige Jahre später einen Weltrekord aufstellte, der ins Guinnessbuch der Rekorde aufgenommen wurde: Eine drei Meter lange Nougatstange mit einem Gewicht von über 750 Kilogramm wurde auf dem Altstadtfest in Schmalkalden angeschnitten.

In der Nougat-Welt, die im Jahr 2012 feierlich eröffnet wurde, gibt es neben Nougat aber auch Marzipanprodukte, Fruchtsnacks, Dragees und natürlich Pralinen zu kaufen. Außerdem kann man sein Nougat-Schoko-Diplom erwerben, indem man an einem der vielfältigen Kurse teilnimmt, die zwischen 30 und 180 Minuten dauern und in denen man seine eigenen Lollis, Pralinen oder Schokoladenfiguren kreieren darf. In einer interessanten Ausstellung erfährt man darüber hinaus nicht nur jede Menge Wissenswertes über Nougat und Nüsse, sondern darf auch am großen Nougat-Brunnen kosten und den Unterschied zwischen gerösteten und nicht gerösteten Nüssen und Mandeln erschmecken.

Adresse Viba Nougat-Welt, Nougat-Allee 1, 98574 Schmalkalden, Tel. 03683/ 6921600, www.viba-sweets.de | **Anfahrt** A 71, Ausfahrt Meiningen-Nord, B 19 bis Niederschmalkalden, L 1026 bis zur Nougat-Welt auf der linken Seite | **Öffnungszeiten** täglich 10 – 18 Uhr | **Tipp** Für den Besuch sollte man viel Zeit und Ideen mitbringen, um bei einem der Nougat- oder Lolli-Kurse kreativ zu werden.

85__Der Dreiherrenstein

Erinnerung an die Kleinstaaterei

Ein Dreiländereck ist eigentlich nichts Besonderes. Viele Länder auf der Welt haben mindestens eines davon. Deutschland teilt mit seinen Nachbarstaaten sechs Dreiländerecke. Darüber hinaus bilden die 16 Bundesländer insgesamt 15 Dreiländerecke, wovon allein vier schon auf den Freistaat Thüringen fallen.

Aber darüber hinaus gibt es auch noch zahlreiche historische Dreiländerecke. Diese werden heute oft als Dreiherrenstein bezeichnet. Von den mindestens 40 Dreiherrensteinen, die noch heute in deutschen Waldböden eingegraben sind und an die einstige Kleinstaaterei erinnern, befindet sich eine Vielzahl nicht nur in Thüringen, sondern sogar im Thüringer Wald. Rennsteigwanderer passieren 13 Standorte von noch bestehenden oder verschollenen Dreiherrensteinen auf dem Fernwanderweg, und nur zwei davon befinden sich auf bayerischem Boden.

Dazu gehören zum Beispiel der in der Region bekannte Stein 16 bei Oberhof und der Dreistromstein bei Siegmundsburg. Stellvertretend für alle Dreiherrensteine im Thüringer Wald sollte man mindestens einen mal gesehen – und vielleicht auch umrundet haben. Dazu bietet sich der Große Dreiherrenstein zwischen Neustadt und Schmiedefeld an, da er noch nicht einmal eine Wanderung erfordert, sondern ganz unscheinbar neben einem Wanderparkplatz steht.

Erstmals erwähnt wurde der Stein Ende des 16. Jahrhunderts, als das Fürstentum Schwarzberg-Arnstadt auf das Herzogtum Sachsen-Eisenach und die Grafschaft Henneberg traf. Im 19. Jahrhundert existierte die Grafschaft Henneberg nicht mehr, dafür aber das Königreich Preußen. Daher erkennt man auf einer der drei Seiten des Steins das Wappen der Grafschaft und das später eingemeißelte preußische Kürzel KP.

Heute grenzen an den Stein die drei Gemeinden Schleusegrund, Stützerbach und Neustadt am Rennsteig.

Adresse Kreuzungspunkt der K 56, L 1141 und der L 1137 zwischen Neustadt und Schmiedefeld | Anfahrt A 73, Ausfahrt 4 (Schleusingen), im Kreisverkehr die dritte Ausfahrt in Richtung Nahetal-Waldau, hinter Schmiedefeld rechts auf die L 1141 bis zum Wanderparkplatz | Tipp Wer auf dem Rennsteig ein kurzes Stück Richtung Neustadt wandert, erreicht schon bald ein Hinweisschild, das den Mittelpunkt des Rennsteigs markiert.

86__Das Olitätenmuseum

Von Kräuterhexen und Giftmischern

Wer sich selbst den vertrauenerweckenden Namen Giftmischer gibt, der hat bestimmt Interessantes zu zeigen und zu berichten. Und so ist es auch. Das Gebäude, in dem der Schmiedefelder Giftmischer anzutreffen ist, ist ein grasgrünes, beinahe unauffälliges Haus an der Landstraße bei Schmiedefeld. Über eine Treppe gelangt man ins Innere des Olitätenmuseums. Schnell stellt sich heraus, dass der Giftmischer ein ganz freundlicher Mensch ist, der einen gerne durch die kleine Ausstellung führt und zunächst einmal erklärt, was der Begriff Olität überhaupt bedeutet. Denn viele Besucher stehen vor dem Museum und fragen sich, was es hier eigentlich zu sehen gibt. Eine Olität ist ein Öl oder eine Salbe, die in früheren Jahrhunderten in Apotheken verkauft wurde.

Das Besondere an diesen Olitäten war jedoch, dass sie durch sogenannte Buckelapotheker vertrieben wurden. Ihren Namen hatten sie von einem Holzgestell, das sie auf dem Rücken trugen und damit durch die Lande zogen. Solche Buckelapotheker waren oft viele Monate zu Fuß unterwegs. Nicht umsonst kann man bei Schmiedefeld auf den Spuren der alten Medizinmänner unterwegs sein und auf einem 177 Kilometer langen Olitätenrundwanderweg durch 44 Ortschaften wandern. Mittels Stempelheft lässt man sich anschließend zur Thüringer Olitätenmajestät krönen. Ein Teil dieses Wanderwegs wird auch als Buckelapothekerstieg bezeichnet. Die einstigen Buckelapotheker legten aber in Europa noch viel weitere Strecken zurück.

Im Olitätenmuseum sind zahlreiche Gegenstände zu sehen, die für die Herstellung der Kräuteressenzen und Limonaden wichtig sind. Ein besonderes Highlight ist die Besichtigung des Trockenbodens, der über eine schmale Treppe zu erreichen ist. Oben, unter dem Dach, hängen die Kräuter zum Trocknen, und es scheint, als wäre man in die Zeit des Mittelalters zurückgereist. Zum Abschluss des Besuchs kann man übrigens einige Kräutertees und -liköre kaufen. Frisch zubereitet vom Giftmischer

Adresse Kräuter- und Olitätenmuseum Beim Giftmischer, Saalfelder Straße 75, 98739 Schmiedefeld, Tel. 036701/20258, www.beim-giftmischer.de | **Anfahrt** A 73, Ausfahrt 5 (Eisfeld-Nord), Richtung Eisfeld und im Kreisverkehr die dritte Ausfahrt benutzen, weiter auf der B 281 bis Schmiedefeld | **Öffnungszeiten** Mi–So 13–17 Uhr | **Tipp** Sehenswert ist auch das historische Viadukt zwischen Lichte und Schmiedefeld, das unter anderem die Bundesstraße überspannt.

87_Das Rennsteigschild

Die Wegweiser für den Fernwanderweg

Zu den Klassikern im Thüringer Wald gehört ganz ohne Zweifel der Rennsteig. Dieser rund 170 Kilometer lange Fernwanderweg prägt das Mittelgebirge zwischen Eisenach und Blankenstein so sehr, dass man auch außerhalb Thüringens sofort ein Bild vor Augen hat, wenn man nur den Namen erwähnt. Orte, die man am Rennsteig gesehen haben sollte, gibt es viele.

Doch der vielleicht wichtigste Ort des Wanderwegs, sozusagen das Aushängeschild des Rennsteigs, ist sogar vielen Einheimischen unbekannt. Vielleicht deshalb, weil sich gerade dieser nicht direkt am Rennsteig befindet. Denn Hand aufs Herz: Wussten Sie, wo die charakteristischen Holzschilder hergestellt werden, die dem Wanderer den Weg weisen?

Dies geschieht in einem Ort, der den Wanderweg natürlich auch in seinem Namen trägt – in Schmiedefeld am Rennsteig. Dort begann Arno Walther in den 1960er Jahren damit, die heute noch bekannten Holzschilder zu schnitzen. Von diesen handgeschnitzten Originalen stehen bis heute sogar noch drei Schilder am Rennsteig. Wunderlicherweise, denn die Schilder waren heiß begehrt und wurden oft gestohlen. Heute ist das nicht mehr notwendig, denn Ronny Weiß produziert in seiner Werkstatt weiterhin die beliebten Schilder und bietet sie dort nicht nur zum Verkauf an, sondern erfüllt auch gerne Kundenwünsche und exportiert die Rennsteigschilder sogar ins Ausland.

Im Jahr 2014 schickte er sogar eines seiner Schilder selbst auf Wanderschaft. Beginnend beim Schmiedefelder Bürgermeister wanderte das Schild zu vielen Sportlern und Persönlichkeiten des Thüringer Waldes, um von diesen signiert zu werden. Anschließend wurde das hölzerne Rennsteigschild für einen guten Zweck versteigert. Wer seinen eigenen Namen am Rennsteig sehen möchte, der kann übrigens auch als Sponsor auftreten und sich sein eigenes Rennsteigschild schnitzen lassen.

Adresse Rennsteigschild, Friedrichsweg 21, 98711 Schmiedefeld am Rennsteig, Tel. 036782/63666, www.rennsteigschild.de | **Anfahrt** A 73, Ausfahrt 4 (Schleusingen), im Kreisverkehr die dritte Ausfahrt in Richtung Nahetal-Waldau, in Schmiedefeld links auf die Kurparkstraße und in den Friedrichsweg | **Öffnungszeiten** nach Voranmeldung | **Tipp** Außerhalb von Schmiedefeld befindet sich ein sieben Kilometer langer Rundwanderweg, der durch das UNESCO-Biosphärenreservat Vessertal verläuft. Ausgangspunkt ist der Wanderparkplatz an der Wegscheide. Er verläuft an der Liftbaude und dem Großen Eisenberg vorbei.

88__Das Deutsche Spielzeugmuseum

Spielend leichter Museumsbesuch

Viele touristische Straßen führen durch Deutschland und sind mit braunen Verkehrszeichen ausgeschildert. Diese reichen von der Barockstraße bis hin zur Deutschen Fußballroute. Einmal quer durch den Thüringer Wald verläuft die Deutsche Spielzeugstraße. Sie beginnt bereits in Franken, dort, wo bei Nürnberg die berühmten Playmobil-Figuren herkommen, und verläuft am Murmelmuseum in Sachsenbrunn, dem DDR-Spielzeugmuseum in Ilmenau und weiteren sehenswerten Einrichtungen vorbei bis zum Schloss Tenneberg in der Puppenstadt Waltershausen.

Natürlich darf auf diesem Weg das Deutsche Spielzeugmuseum in Sonneberg nicht fehlen. In einem sehenswerten Altbau befindet sich das im Jahr 1901 gegründete Museum. Damit ist es die älteste Spielzeugsammlung in Deutschland und zeigt sowohl alte Spielzeuge als auch Spielzeuge aus der Gegenwart. Es ist kein Zufall, dass es hier ein Museum voller Spielzeug gibt, denn Sonneberg ist traditionell auch eine Stadt der Spielzeugherstellung. Das erfährt man gleich nach dem Betreten der Ausstellung in einem Kurzfilm. Anschließend geht es an zahlreichen Spielzeugen vorbei durch den Altbau und auch durch einen modernen Erweiterungsbau. Zu sehen gibt es als Höhepunkt eine Figurengruppe mit dem Namen Thüringer Kirmes. Fast lebensgroße Figuren ziehen über einen Dorfplatz des frühen 20. Jahrhunderts in Thüringen und kündigen mit ihrem – für damalige Verhältnisse – exotischen Aussehen eine Kirmes an. Die 67-köpfige Gruppe wurde zu Beginn des letzten Jahrhunderts für die im Jahr 1910 stattfindende Weltausstellung in Brüssel geschaffen und dort mit einem Preis ausgezeichnet.

Neben dieser Schaugruppe und vielen anderen Spielzeugen gibt es außerdem noch weitere Sammlungen, wie zum Beispiel Käthe-Kruse-Puppen oder Puppen aus Thüringer Porzellan, zu sehen.

Adresse Deutsches Spielzeugmuseum, Beethovenstraße 10, 96515 Sonneberg, Tel. 03675/4226340, www.spielzeugmuseum-sonneberg.de | **Anfahrt** A 73, Ausfahrt 8 (Neustadt bei Coburg), B 4 bis Neustadt, Sonneberger Straße bis Sonneberg, B 89 Richtung Köppelsdorf, links in die Straße Schöne Aussicht, wenig später erneut nach links in die Beethovenstraße | **Öffnungszeiten** Di–So 10–17 Uhr, letzter Einlass 16.30 Uhr | **Tipp** Sowohl in Steinach als auch am Kloster Banz kann man in einem Hochseilklettergarten in schwindelerregender Höhe klettern.

89_Die Sternwarte Sonneberg

Irgendwo da draußen …

In einer weit, weit entfernten Galaxis spielen sich möglicherweise Szenen ab, die wir hier unten auf unserer Erde manchmal nur ansatzweise erahnen können. Um die Ereignisse im Weltall besser verfolgen zu können, hat man schon in der Antike Observatorien errichtet, mit denen man unter anderem den Lauf der Sterne beobachtete. Ab dem 17. Jahrhundert entstanden die ersten Sternwarten, so wie wir sie heute kennen und nutzen. Der Grund war die Erfindung des Teleskops durch den italienischen Astronomen Galileo Galilei.

Um eine möglichst gute Sicht zu haben, wurden Sternwarten in der Regel auf hohen Gebäuden oder auf Bergen errichtet. So auch die Sternwarte Sonneberg, die im Winter 1925 feierlich eingeweiht wurde. In den ersten Jahren galt sie sogar als höchstgelegene Sternwarte Deutschlands. Errichtet wurde sie mit Unterstützung der Carl-Zeiss-Stiftung auf Veranlassung des Sonneberger Physikers und Astronomen Cuno Hoffmeister. Dieser erforschte die sogenannten veränderlichen Sterne, ein Fachgebiet, das sich mit den Helligkeitsschwankungen eines Himmelskörpers befasst. Hoffmeister entdeckte die unglaubliche Anzahl von 10.000 Sternen dieser Art und machte damit die Sternwarte Sonneberg zum führenden Observatorium auf diesem Gebiet. In den klimatisierten Räumen der Sternwarte sind die wertvollen Fotoplatten, auf denen die Sternenbilder archiviert wurden, noch heute untergebracht. Dabei handelt es sich um 300.000 Aufnahmen mit mehreren hundert Millionen Sternen, was das astrofotografische Archiv zum zweitgrößten der Welt macht.

Von außen wirkt das Gelände der Sternwarte ein wenig in die Jahre gekommen, doch unter den Kuppeln der Dächer arbeiten sieben Teleskope mit einer Objektivgröße von bis zu 700 mm. Außerdem werden im Astronomiemuseum verschiedene Exponate, wie zum Beispiel Meteorite und Fernrohre, gezeigt sowie Führungen durch die Sternwarte angeboten.

Adresse Sternwarte Sonneberg, Sternwartestraße 32, 96515 Sonneberg, Tel. 03675/421369, www.astronomiemuseum-sternwarte-sonneberg.de | **Anfahrt** A 73, Ausfahrt 8 (Neustadt bei Coburg), B 4 bis Neustadt, Sonneberger Straße bis Sonneberg, B 89 Richtung Köppelsdorf, links in die Straße Schöne Aussicht, rechts auf die Neufanger Straße und hinauf auf das Plateau, erneut rechts bis zur Sternwarte | **Öffnungszeiten** Di – Fr und So 13 – 17 Uhr (ganzjährig, außer Nov.), April – Okt. Sa 13 – 17 Uhr | **Tipp** Vom Weltall in die Unterwasserwelt: Am Marktplatz befindet sich das Meeresaquarium Nautiland, das von Haien bis Seepferdchen zahlreiche Tiere in einem Schauaquarium zeigt.

90_Der Fluss Stille

Stille Wasser sind tief

»Stille Wasser sind tief«, so hieß der Titel eines Schauspiels des einstigen Schweriner Theaterdirektors Friedrich Ludwig Schröder, der im 18. Jahrhundert lebte. Das Stück ist heute weitgehend unbekannt, doch der Titel wird immer noch gerne benutzt, wenn man ruhige und unscheinbare Menschen als geheimnisvoll umschmeicheln möchte. Es ist nicht überliefert, ob Friedrich Ludwig Schröder jemals in Thüringen war. Möglich, aber dass er auch noch einen bestimmten kleinen Ort bei Schmalkalden besucht hat – eher unwahrscheinlich.

Denn genau dort ist das stille Wasser tief. Die Rede ist von Springstille, wo sich ein kleiner Quellteich befindet. Hier entspringt die Stille, was der Name des Ortes bereits erahnen lässt. Oberhalb des Teiches lädt ein überdachter Picknickplatz zu einer Pause ein, bei der man am Ufer des kleinen Gewässers verweilen kann. Zugegeben, ganz so tief ist der Quellteich nun doch nicht. Aber das Flüsschen ist die liquide Variante von Schröders Schauspiel. Ganz harmlos und unscheinbar fließt die Stille, ihrem Namen entsprechend, vom Dorfplatz hinaus aus dem Ort. In westlicher Richtung erreicht sie schon nach kurzer Zeit den Ort Mittelstille, wo man sich unweigerlich fragt, ob etwas mittelstill sein kann.

Wenig später nähert sie sich Schmalkalden und trifft dort auf den Stadtteil – wer hätte es gedacht – Näherstille. Nach fast neun Kilometern ist Schluss mit der Stille. Dort mündet der kleine Fluss in die Schmalkalde, wo das Wasser viel später und mit einigem Getöse durch Werra und Weser die Nordsee erreichen wird. Auf ihrem kurzen Stück nimmt die Stille das Wasser von immerhin sieben weiteren Flüssen auf und treibt sogar vier Mühlen an. Außerdem ist sie ein wichtiger Zufluss der deutlich bekannteren Schmalkalde und beherbergt ein Drittel des Schmalkalder Einzugsgebiets. Von wegen also ruhig und unscheinbar. Damit wäre vielmehr bewiesen: Stille Wasser sind tief.

Adresse Am Gespring, 98587 Springstille | Anfahrt A 71, Ausfahrt Suhl/Zella-Mehlis, B 62 durch Zella-Mehlis, in Benshausen auf L 1118 durch Viernau bis Springstille | Tipp Einfach die Stille bei einem Picknick oberhalb des Quellenteichs genießen oder eine Wanderung bis zur Mündung der Stille in die Schmalkalde unternehmen.

91 Das Lutherdenkmal Steinbach

Entführung nur zum Schein

Wahrscheinlich haben Sie schon viele Lutherdenkmäler bei diversen Tagesausflügen gesehen. In Deutschland und weltweit erinnern Hunderte von ihnen an die große Persönlichkeit und an die Lebensstationen Martin Luthers. Meistens wird dabei ein Standbild auf einem Sockel präsentiert. Als unabdingbares Merkmal hält der Reformer selbstverständlich die Bibel in der Hand, die an sein Werk – die Bibelübersetzung ins Deutsche – erinnert.

Das Denkmal in Steinbach ist anders. Das Hinweisschild ist nicht zu übersehen. Eine große weiße Tafel an der Straße zwischen Steinbach und Ruhla zeigt den Abzweig zu einem kleinen Wanderparkplatz, von dem aus die Reise zu Fuß fortgesetzt wird. Der kurze, breite Weg führt uns direkt in den Wald hinein. Nach einigen Metern erkennen wir schon von Weitem ein zehn Meter hohes Denkmal. Diesmal ist es jedoch kein Standbild, sondern ein Obelisk aus dem Jahr 1857, den man dem Herzog Bernhard Erich Freund von Sachsen-Meiningen verdankt. Auch dieser Obelisk erinnert an eine Lebensstation Luthers, und zwar an seine vorgetäuschte Entführung. Sie fand genau hier im Wald im Jahr 1521 statt, und ihr eigentliches Ziel war es, Martin Luther zu schützen. Denn dieser durfte durch den Erlass von Karl V., das sogenannte Wormser Edikt, von jedermann getötet werden, und Luthers Schriften waren verboten. Der Kurfürst Friedrich der Weise, der die Reformation unterstützte, veranlasste die Gefangennahme Luthers, um den Theologen unter einem falschen Namen auf die Wartburg zu bringen und ihn dort in Sicherheit zu wissen. Während seiner Zeit auf der Wartburg widmete sich Martin Luther dann bekanntermaßen der Übersetzung der Bibel.

Außer dem Lutherdenkmal gibt es hier in idyllischer Umgebung auch die Lutherbuche und den Lutherborn – eine Quelle.

Adresse 36448 Steinbach | **Anfahrt** A 71, Ausfahrt Meiningen-Nord, B 19 bis Barchfeld, L 1027 durch Bad Liebenstein und Steinbach. Die Einfahrt zum Parkplatz folgt auf der rechten Seite. | **Tipp** Einen Kilometer weiter nördlich befindet sich mit dem Gerberstein der höchste Punkt des Wartburgkreises.

92__Die Greiner-Gruft

Grab mit Aussicht

In Limbach verläuft die Bundesstraße 281 in einer weiten Kurve durch den Ort. Wer aus Neuhaus am Rennweg kommt, wird kurz vor der Ortseinfahrt auf der rechten Seite eine weite Wiese sehen. Sie ist deutlich abschüssig und wird im Winter von Skifahrern besucht. Daneben erhebt sich der dazugehörige Skilift. Und nur wenige Meter daneben verläuft parallel zum Lift der Rennsteig. Kein Wunder also, dass sich in der Kurve ein großer Parkplatz und eine sehr gut ausgestattete Touristeninformation mit zahlreichen Andenken befinden. Man könnte also meinen, alles wäre so, wie man es von einem kleinen Ort mit touristischen Angeboten erwarte.

Doch bei genauem Hinsehen fällt etwas in der Landschaft auf. Denn auf besagter Wiese, auf der im Winter die Skifahrer hinabwedeln, erhebt sich unter zwei Linden ein kleines steinernes Gebäude. Davor steht eine Sitzbank, von der man einen schönen Ausblick auf das unterhalb gelegene Limbach hat. Erst bei genauerem Hinsehen erkennt man, dass es sich bei dem Bauwerk um eine Gruft handelt. Bestattet wurde dort Gotthelf Greiner, weshalb das Bauwerk als Greiner-Gruft bekannt wurde.

Er war der Gründer der einstigen Porzellanmanufaktur im Ort und wurde dort ebenso begraben wie seine Familie, die nach seinem Tod die Fabrik übernahm. Seine Söhne errichteten gegen Ende des 18. Jahrhunderts zunächst einen Obelisken, der an Gotthelf Greiner erinnern sollte. Später folgte dann die Gruft, die eigentlich aus zwei Etagen besteht. Im Untergeschoss befinden sich die Gebeine der Greiner-Familie, während sich im oberen Bereich ein Raum befindet, der heute Wanderer zum Verweilen einlädt. Das war nicht immer so, denn im letzten Jahrhundert verfiel die Gruft immer mehr und litt unter starkem Vandalismus, bis in den letzten Jahren eine Restaurierung finanziert wurde.

Heute erstrahlt die Gruft als eines der ältesten neogotischen Bauwerke im gesamten Bundesland.

Adresse Gotthelf-Greiner-Straße, 98749 Steinheid | **Anfahrt** A 73, Ausfahrt Eisfeld-Nord, Richtung Eisfeld, im Kreisverkehr die dritte Ausfahrt, B 281 bis zur Tourist-Information Steinheid auf der linken Seite | **Tipp** Über den Rennsteig gelangt man in westlicher Richtung automatisch zum Dreistromstein, der als Obelisk in rund zwei Kilometern Entfernung den Wasserscheidepunkt von Weser, Elbe und Rhein markiert.

93 Architektur in Suhl

Manches ist gewöhnungsbedürftig

Man muss einfach mal sagen dürfen: Es gibt schönere Stadtzentren als das von Suhl. In vielen anderen Ortschaften schlendert man auf Kopfsteinpflaster oder auf restaurierten Wegen zwischen Fachwerkhäusern und historischen Fassaden. Nur nicht in Suhl. Hier wird der Besucher geradezu von Beton erschlagen.

Suhl sah natürlich nicht immer so aus. Die Stadt hatte mal einen historischen, sehenswerten Kern. Doch das ist lange her. Wenige Jahre nach der Gründung der DDR entschied die Staatsführung, das Stadtzentrum komplett neu zu gestalten. Man beauftragte den Architekten Hermann Henselmann, Großvater der Schauspielerin Anne Sophie Briest, Suhl mit Plattenbauten im sozialistischen Stil zu überziehen. Das tat er auch, und so entstanden die Wohnhochhäuser sowie die Stadthalle der Freundschaft, die im Jahr 1972 fertiggestellt wurde. Sie bot 5.000 Zuschauern Platz und wurde nach der Wende modernisiert. Seither dient sie als Multifunktionshalle für Messen, Shows, Bälle und als Kongresshalle. Im heutigen Congress Center Suhl, kurz CCS genannt, befinden sich außerdem die Touristeninformation und das Ottilienbad, in dem Wasserratten ganz auf ihre Kosten kommen.

Zwischen den Wohnhochhäusern und dem Congress Center wirkt das hübsche Fachwerkgebäude des Waffenmuseums fast schon deplatziert. Und links neben dem Congress Center erhebt sich am Ende der Straße noch ein Hotelgebäude mit 17 Etagen. Es hätte heute das Wahrzeichen der Suhler Skyline sein können, denn es hatte sogar einstmals 26 Etagen und ragte über alle anderen Häuser der Stadt hinaus. Doch nach langem Leerstand nach der Wende trug man die oberen Etagen ab und gestaltete das damalige Wohnhaus zu einem Hotel um. Wer heute lieber ohne Betonbauten durch Suhl schlendern möchte, der sollte sich übrigens zum Steinweg begeben, wo sich das sehenswerte Rathaus mit seiner klassizistischen Fassade befindet.

Adresse 98527 Suhl-Zentrum | Anfahrt A 73, Ausfahrt 2 (Suhl-Zentrum), L 3140 bis Würzburger Straße, weiter ins Zentrum bis zum Congress Centrum oder A 71 bis Ausfahrt Suhl / Zella-Mehlis, über Suhler Straße ins Zentrum | Tipp Als Kontrast zu der Architektur im Suhler Zentrum lohnt sich eine Fahrt in den Ortsteil Vesser, wo sich eine schöne Fachwerkkirche des frühen 18. Jahrhunderts befindet.

94__Die Friedbergbahn

Unterwegs auf alten Gleisen

Schleusingen und Suhl liegen rund 12 Kilometer Luftlinie voneinander entfernt. Mit dem Auto legt man über die Autobahn 73 eine Strecke von 18 Kilometern zurück, die in rund einer Viertelstunde zu bewältigen ist. Bei diesen Zahlen ist es kaum zu glauben, dass es früher eine Bahn gab, die in ihrer Anfangszeit bis zu 70 Minuten benötigte, um ihre Passagiere von Suhl nach Schleusingen zu befördern.

Im Jahr 1911 fuhr zum ersten Mal ein Zug auf der Eisenbahnstrecke. Der Namen Friedbergbahn stammt vom Friedberg, der sich am südlichen Suhler Stadtrand erhebt und der Bahnstrecke wie ein riesiger Fels im Weg lag. Denn damit machte der Friedberg die Bahnstrecke zur steilsten in Deutschland. 144 Höhenmeter musste die Bahn, die am Suhler Bahnhof abfuhr und nach rund fünf Kilometern das Gipfelplateau des Friedbergs erreichte, überwinden. Daher wurde sie bereits nach zweieinhalb Kilometern durch ein Zahnstangensystem unterstützt, mit dem sie die rund siebenprozentige Steigung meistern konnte.

Doch das Zahnradgestänge wurde Ende der 1920er Jahre entfernt, und die mittlerweile schwereren Züge mussten die Steigung nun entweder allein überwinden oder wurden von anderen Lokomotiven geschoben. Bis zur Einstellung des Personenverkehrs im Jahr 1997 reduzierte sich die Fahrzeit damit auf immerhin nur noch 25 Minuten. Zwei Jahre später gab man die Bahnstrecke komplett auf und überließ sie ihrem Schicksal, das darin bestand, von Grün überwachsen zu werden. In jüngerer Zeit erinnerte man sich wieder an die Friedbergbahn und ist heute bemüht, die steilste Bahnstrecke Deutschlands wieder freizulegen und mit Museumszügen zu befahren. Ein erster Bauzug war bereits zwischen dem Friedberg und Schleusingen unterwegs. Nun fehlt nur noch der steile Abschnitt nach Suhl hinab. Bis es aber soweit ist, wird man das kurze Stück Autobahn noch ganz oft fahren müssen.

Adresse Schützenstraße, 98527 Suhl | **Anfahrt** Pkw A 73, Ausfahrt 3, im Kreisverkehr Richtung Suhl, an der T-Kreuzung links, hinter der Brücke rechts und wiederum nach links auf die Schützenstraße | **Tipp** Bei einer Wanderung durch den Harzgrund als Teil des UNESCO-Biosphärenreservats Vesser gelangt man bis zur kleinen Talsperre Erletor, in der auch geangelt werden kann.

95__Simson

Das klassische Motorrad

Simson war eines der Unternehmen in der DDR, die – ähnlich wie Wartburg und Trabant – auch im Westen Deutschlands bekannt waren. Und es gab nicht wenige Zweiradfahrer, die dem Fahrzeughersteller Respekt zollten und es bedauern, dass heute keine knatternden Zweiräder aus dem Hause Simson mehr gebaut werden.

Begonnen hatte die Firmengeschichte Mitte des 19. Jahrhunderts, als die Brüder Löb und Moses Simson einen großen Teil eines mehr als hundert Jahre alten Stahlhammers erwarben und anfänglich Stahl produzierten. Schon bald gingen sie dazu über, Waffen zu produzieren, was in Suhl als traditionsreichem Ort für Waffenherstellung nicht weiter verwunderlich ist, und noch später wurden hier Fahrräder gebaut. Mit der Herstellung von Kraftfahrzeugen zu Beginn des 20. Jahrhunderts wandelte sich die Firma Simson zum größten Arbeitgeber der Stadt und beschäftigte mehr als 3.000 Menschen. Mit der Naziherrschaft endete die Tradition des bis dahin bestehenden Familienunternehmens, und die jüdische Familie musste fliehen. So kam es, dass das erste Motorrad der Simson-Werke ausgerechnet von den Nazis gebaut wurde.

Die Serifenfertigung der klassischen Zweiräder, die in der DDR weit verbreitet waren, begann jedoch in der Nachkriegszeit. Die Bandbreite reichte von der Simson SR1 mit etwas über einem Kilowatt Leistung bis zum Viertakter AWO 425, der es auf 110 Stundenkilometer brachte. Legendär war jedoch die Simson Schwalbe, die über 20 Jahre gebaut wurde und zum Klassiker avancierte.

Auf dem Gelände des ehemaligen Simson-Werks im Westen von Suhl hat sich heute ein Gewerbepark angesiedelt. Die Geschichte der Motorradherstellung in der Stadt wird jedoch im Fahrzeugmuseum in der Innenstadt anschaulich erläutert. Das Museum zeigt neben den Simson-Motorrädern auch Automobile und Fahrräder. Außerdem präsentiert es verschiedene Sonderausstellungen, wie zum Beispiel zur Thüringer Waldautobahn.

Adresse Fahrzeugmuseum Suhl, Friedrich-König-Straße 7, 98527 Suhl, Tel. 03681/705004, www.fahrzeug-museum-suhl.de | **Anfahrt** A 73, Ausfahrt 2 (Suhl-Zentrum), L 3140 bis Würzburger Straße, weiter ins Zentrum bis zum Congress Centrum oder A 71 bis Ausfahrt Suhl/Zella-Mehlis, über Suhler Straße ins Zentrum | **Öffnungszeiten** täglich 10–18 Uhr | **Tipp** In der Nachbarstadt Zella-Mehlis lädt das Meeresaquarium zu einem Besuch der Unterwasserwelt ein. Highlight ist das große Haifischbecken mit einem Fassungsvermögen von einer Million Liter Wasser.

96 Das Suhler Auenstadion

La Ola in Suhl

Es war schon fast ein denkwürdiges, wenn nicht sogar ein historisches Fußballspiel. Damals, am 9. März 1985, im Auenstadion von Suhl, das für seinen Zuschauerschnitt völlig überdimensioniert erschien. 15.000 Zuschauer fasste das ovale Rund damals. Steht man heute hinter dem hohen Zaun des Stadions, mag man sich gar nicht vorstellen, wo die vielen Zuschauer Platz gehabt haben sollen. Über ein paar Stehränge hinweg sieht man hinter der Westkurve, streng genommen ist es die Südwestkurve, die sanften, bewaldeten Kuppen des Thüringer Waldes. Auf der anderen Seite, hinter der Nordostkurve, erhebt sich ein dreizehnstöckiges Hochhaus mit dem klangvollen Namen Begegnungsstätte der Volkssolidarität, in dem Seniorenanlagen für betreutes Wohnen untergebracht sind. Parallel zur Auenstraße plätschert beinahe unauffällig die kleine Lauter, die zuvor das Stadtzentrum durchquert hat und noch in Stadionnähe in die Hasel mündet.

Unauffällig war auch die Betriebssportgruppe Suhl, die im Jahr 1906 als 1. Suhler SV 06 gegründet wurde. Trotz des verhältnismäßig großen Stadions hat es die Mannschaft zu kaum nennenswerten Ergebnissen gebracht. Bis auf den erwähnten Samstag im ausklingenden Winter 1985. Es war die erste Saison, in der der Verein in der obersten Spielklasse der DDR um Punkte kämpfte. Mannschaften, die noch heute namhaft sind, wie zum Beispiel Hansa Rostock, Dynamo Dresden oder Rot-Weiß Erfurt, gastierten an der Suhler Auenstraße und nutzten Suhl als Schießbude. Lediglich Wismut Aue, heute als FC Erzgebirge Aue bekannt, kam als Favorit nach Suhl und musste nach Toren der Suhler Spieler Seyfarth und Schellhase mit einer 3:1-Niederlage wieder nach Hause fahren. Es war der einzige Sieg Suhls in der gesamten Saison, weshalb die Mannschaft im Sommer direkt wieder abstieg und nie wieder so hochklassig spielte. Heute heißt der Verein wieder 1. Suhler SV und ist in der siebten Liga aktiv. Doch mit der Kapazität des Auenstadions könnte man durchaus höherklassiger spielen.

Adresse Auenstraße, 98529 Suhl | **Anfahrt** A 73, Ausfahrt Suhl-Zentrum, auf der Straße An der Hasel die Würzburger Straße überqueren und weiter auf Auhammerweg in die Auenstraße | **Tipp** Einfach die Ankündigungen für lokale Events im Auge behalten. Neben den Fußballspielen des 1. Suhler SV gibt es hin und wieder interessante Freundschaftsspiele mit bekannten Fußballern wie im Oktober 2014 bei einer Stadtauswahl gegen Dariusz Wosz und Guido Buchwald.

97_Das Sushi in Suhl

Hoso-Maki, Sashimi und Tamagoyaki

Das zweistöckige Wohn- und Geschäftshaus in der Gothaer Straße 8 in Suhl wirkt unauffällig. Hinter der lachsfarbenen Fassade verbirgt sich im Obergeschoss eine leere Wohnung. Selbst gedruckte Zettel in den Fenstern verkünden, dass das Loft zu vermieten ist. In den Geschäftsräumen darunter lädt ein Naturkost-Geschäft zu Einkäufen ein. Doch an der rechten Seite hängt, genauso unauffällig wie das Haus, eine kleine Informationstafel. Ein ehemaliges japanisches Restaurant hätte sich in dem Gebäude befunden. Dass dies eine besondere Erwähnung findet, muss ja eine Bedeutung haben. Denn man stelle sich vor, an jedem Haus hinge eine Information darüber, welche Geschäfte und Lokale sich bereits darin befanden. Es würde Häuser geben, an denen wären mehr Informationen als auf der Speisekarte eines Restaurants.

Das Japan-Restaurant in Suhl wurde von Koch Rolf Anschütz im Jahr 1966 gegründet, als sich dieser für die japanische Esskultur zu interessieren begann. Zu diesem Zeitpunkt wäre das auch in Westdeutschland ungewöhnlich gewesen, doch Suhl lag bekanntlich in der DDR, und aus heutiger Sicht ist es fast unvorstellbar, dass dort solch fremdartige Speisen angeboten werden konnten. Daher trug es die offizielle Bezeichnung »Japanabteilung der Gaststätte Waffenschmied«, wie das Gasthaus eigentlich hieß. Rolf Anschütz wurde sogar nach Japan eingeladen und erhielt von Kaiser Hirohito persönlich eine Anerkennung, weil er sich um das beste japanische Restaurant außerhalb des Inselstaates verdient gemacht hatte. Noch vor der politischen Wende in der DDR wechselte Anschütz die Lokalität und gab den Waffenschmied mit der Japanabteilung auf. Später gründete er in Oberhof ein Hotel, das jedoch Verluste einfuhr. Anschütz starb drei Tage vor seinem 76. Geburtstag. Seine Geschichte wurde wenige Jahre nach seinem Tod verfilmt und flimmerte im Herbst 2012 über deutsche Kinoleinwände. Das Restaurant, das als Kulisse für den Film »Sushi in Suhl« genutzt wurde, steht in Schmalkalden.

Adresse Gothaer Straße 8, 98527 Suhl | **Anfahrt** A 73, Ausfahrt 2 (Suhl-Zentrum), L 3140 bis Würzburger Straße, weiter ins Zentrum bis zum Congress Centrum oder A 71 bis Ausfahrt Suhl/Zella-Mehlis, über Suhler Straße ins Zentrum | **Tipp** Passend zum Thema empfiehlt sich ein Ausflug in das Lokal »Gastmahl des Meeres«, wo neben zahlreichen Fischgerichten auch Sushi angeboten wird.

98 Das Waffenmuseum

Waffen sollten nur im Museum sein

Eine Ausstellung über Waffen? Gegenstände besichtigen, die den Tod bringen und nur für diesen Zweck gebaut wurden? Und das in einer Zeit, in der noch immer Menschen andere Menschen terrorisieren und Soldaten in andere Länder einfallen? Das ist ein zweischneidiges Schwert, um es mit einem Wortspiel zu umschreiben. Doch die Waffenherstellung hat in Suhl eine sehr lange Tradition und hat im Laufe der Jahrhunderte historisch interessante Exponate hervorgebracht.

Die Ausstellung ist in einem alten Fachwerkhaus aus dem 17. Jahrhundert über drei Etagen verteilt und erzählt die 600 Jahre alte Geschichte des Suhler Waffenbaus. Diese beginnt beim Thema Eisen, denn ohne Eisen ließen sich keine Waffen fertigen. Suhl hatte schon früh mit der Eisenverarbeitung begonnen. Die ersten Waffen waren Hieb- und Stichwaffen sowie Speerspitzen. Erst ab dem 16. Jahrhundert folgten Handfeuerwaffen, und schon damals gab es Waffenexporte an freundlich, aber auch feindlich gesinnte Heere. Doch es wurden nicht nur Waffen von der Stange gebaut, sondern auch reich verzierte Flinten und Pistolen, die von den Adeligen Europas bei der Jagd eingesetzt wurden und als Prestigeobjekte galten.

Noch heute werden Jagd- und Sportwaffen von den ortsansässigen Büchsenmachern hergestellt. Das Waffenmuseum beherbergt fast 500 Waffen und zeigt die Arbeit von Waffenschmieden und Graveuren. Wie in jedem guten Museum hat man auch im Waffenmuseum Suhl anschließend die Möglichkeit, im Museumsshop auf Einkaufstour zu gehen. Waffen erhält man da glücklicherweise nicht.

Ein genauerer Blick lohnt sich aber auch außerhalb des Waffenmuseums, wo auf einer Sitzbank vor dem Fachwerkhaus eine gut beleibte Skulptur mit dem Titel »Suhler Original« sitzt. Der als Jäger Porträtierte hält in der einen Hand unübersehbar eine Muskete und in der anderen Hand seine Beute – eine Jackalope. Hierbei handelt es sich um ein Fabeltier, bestehend aus einem Hasen mit den Hörnern einer Antilope.

Adresse Waffenmuseum Suhl, Friedrich-König-Straße 19, 98527 Suhl, Tel. 03681/742218, www.waffenmuseumsuhl.de | **Anfahrt** A 73, Ausfahrt 2 (Suhl-Zentrum), L 3140 bis Würzburger Straße, weiter ins Zentrum bis zum Congress Centrum oder A 71 bis Ausfahrt Suhl/Zella-Mehlis, über Suhler Straße ins Zentrum | **Öffnungszeiten** täglich Di–So 10–18 Uhr, letzter Einlass um 17 Uhr | **Tipp** Passend zum Waffenmuseum lohnt ein Ausflug zum Schießsportzentrum im Süden der Stadt, wo persönliche Schießzeiten ausgemacht werden können.

99 Die Kallenberg-Pfeifen

Wie eine Pfeife hergestellt wird

Die Waltershäuser Straße in Tabarz ist ganz unscheinbar. Rechts und links der Straße reihen sich Wohnhäuser mit großen und gepflegten Vorgärten aneinander. Nur an Haus Nummer 22 deuten zwei Schilder darauf hin, dass es sich um mehr als ein Wohnhaus handelt. Denn dort befindet sich die Pfeifenmacherei Kallenberg, wo noch heute in einer kleinen Werkstatt klassische Pfeifen hergestellt werden.

Um einen Blick in die Geschichte der hiesigen Pfeifenmacherei zu werfen, muss man bis ins Jahr 1919 zurückgehen. Damals wurde die Pfeifenfabrik am selben Ort gegründet. Damit war sie aus damaliger Sicht jedoch keine große Besonderheit, denn die Region war weit über ihre Grenzen hinaus für die Pfeifenherstellung bekannt. Im Tabakpfeifenmuseum im nahe gelegenen Ruhla wird zum Beispiel gerne darauf hingewiesen, dass die Pfeifen aus dem Thüringer Wald in der ganzen Welt benutzt wurden.

Die Pfeifenfabrik Heinrich Kallenberg hat in ihren Hochzeiten bis zu acht Mitarbeiter beschäftigt. Sie überstand die DDR und behielt sogar in dieser Zeit ihre Selbstständigkeit bei.

Der Enkel des Firmengründers, Hans Kallenberg, ist heute nur noch selten in der Werkstatt anzutreffen. Der Inhaber hingegen bietet täglich die Möglichkeit, ihm bei seiner Arbeit zuzuschauen. Ob es sich um die Herstellung einer Freehand-Pfeife mit Echtheitszertifikat und Herstellungsdatum, um ein Mundstück oder eine Zigarettenspitze handelt – es ist interessant, zu sehen, wie aus dem Werkstoff in mühevoller Handarbeit eine reich verzierte Pfeife entsteht. Altertümliche Gerätschaften, die aus der Zeit der Firmengründung stammen, werden noch heute über Riemen angetrieben. Und wenn man vom Zuschauen nicht genug bekommen kann, so bietet die Pfeifenmacherei auch regelmäßige Pfeifenbaukurse an, die meistens so gut besucht sind, dass man sich früh um einen freien Platz bemühen sollte.

Adresse Kallenberg Pfeifen, Waltershäuser Straße 22, 99891 Tabarz, Tel. 036259/62405, www.kallenberg-pfeifen.de | Anfahrt A 4, Ausfahrt 41a, L 1027 an Langenhain vorbei, B 88 bis Tabarz, am ersten Abzweig rechts, hinter der Tankstelle links in die Waltershäuser Straße. Das Ziel liegt links. | Öffnungszeiten nach telefonischer Voranmeldung | Tipp Die Badehose einpacken und eine Straße weiter gehen, um im TABBS mit seinem Sportbecken, Erlebnisbecken, Freibad, seiner Liegewiese und Sauna den Badefreuden zu frönen.

100_Struwwelpeter

Es war einmal …

Grausame Todesarten, brutale Verstümmelungen und unmenschliche Folter bestimmen das Bild von Tabarz. Nein, hier wird keine neue Folge der amerikanischen Fernsehserie »Criminal Minds« gedreht, in der sogar einer der Hauptdarsteller freiwillig ausgestiegen ist, weil er die Grausamkeiten der Serie nicht mehr ertragen konnte. Die Rede ist vielmehr von der Märchenwiese im Lauchagrund. Sie wurde zu Ehren des Kinderbuchautors Heinrich Hoffmann angelegt, der mehrmals in Tabarz seine Sommerfrische verbrachte. Den nachfolgenden Generationen vermachte er ein Buch, das der amerikanischen Fernsehserie in Sachen Grusel in nichts nachsteht, sondern im Gegenteil sogar als Drehbuchvorlage dienen könnte – den Struwwelpeter.

Der Struwwelpeter wurde 1845 von Hoffmann verfasst und erzählt gereimte Geschichten, in denen Kinder schicksalhaftes Unheil erfahren, weil sie nicht brav waren. Schon allein das Titelbild, auf dem ein Junge namens Peter mit zotteligen Haaren und kurvig langen Fingernägeln abgebildet ist, wirkt erschreckend. Dabei ist Struwwelpeter noch die kürzeste und eine der harmloseren Geschichten in Hoffmanns Werk. Bei der Geschichte vom Daumenlutscher werden die Daumen mit einer Schere abgeschnitten, weil der daumenlutschende Konrad nicht mit dem Lutschen aufhören will. Noch schlimmer trifft es sogar den Suppenkasper, der die Nahrungsaufnahme verweigert und sich auf den Darstellungen von einem dicklichen Jungen zu einem Strich in der Landschaft wandelt, bevor das letzte Bild eine Suppenschüssel auf einem Grab zeigt. Da sind die Geschichten vom Hans Guck-in-die-Luft und vom fliegenden Robert geradezu harmlos. Auf der Tabarzer Märchenwiese im Lauchagrund sind die ungehorsamen Kinder allesamt mit ihren Schicksalen als geschnitzte Holzfiguren vertreten. Auf einem kleinen Rundweg kann man sich ihre Schicksale erneut vor Augen führen. Gruselfaktor garantiert.

Adresse Lauchagrundstraße, 99891 Tabarz | **Anfahrt** A 4, Ausfahrt 41 a (Waltershausen), L 1027, ab Langenhain auf der B 88 bis Tabarz, weiter über Waltershäuser Straße bis Lauchagrundstraße | **Tipp** Auf der gegenüberliegenden Straßenseite kann man noch die Hosenbeine hochkrempeln und einen kleinen Gang durch ein Wassertretbecken wagen.

101 Die Thüringerwaldbahn

Mit der Straßenbahn durch den Wald

Es gibt nicht mehr viele Überlandstraßenbahnen in Deutschland. Rund 30 Straßenbahnlinien können sich als solche bezeichnen. Die Thüringerwaldbahn ist dabei die einzige im Bundesland Thüringen. Im Jahr 1929 wurde sie feierlich eingeweiht und erfreute sich schnell großer Beliebtheit.

Über 20-mal pendelten zehn Triebwagen auf der Strecke zwischen dem Thüringer Wald und dem fernen Gotha. Dort erhielt sie im Jahr 1958 die Liniennummer 4 und ist aus dem Stadtbild genauso wenig wegzudenken wie im deutlich kleineren Tabarz, wo sich der andere Endpunkt der Strecke befindet.

Zwischen Gotha und Tabarz liegen exakt 21,7 Kilometer, die die Thüringerwaldbahn auf einer einspurigen Strecke zurücklegt. Das erste Dutzend der insgesamt 22 Haltestellen befindet sich noch auf dem Stadtgebiet Gothas und trägt die Namen Hauptbahnhof (obwohl die Deutsche Bahn diesen nicht als Hauptbahnhof klassifiziert), Bahnhofstraße, Orangerie, Huttenstraße, Gartenstraße, Bertha-von-Suttner-Platz, Myconiusplatz, 18.-März-Straße, Ernststraße, Wagenhalle, Schöne Aussicht, Am ha we ge-Markt.

Nach Verlassen des Stadtgebietes rumpelt die Bahn mit maximal 60 Stundenkilometern durch die thüringische Landschaft und durchquert Sundhausen, Boxberg, Leina, Wahlwinkel, Waltershausen, Reinhardsbrunn und Friedrichroda und hält ein letztes Mal vor Tabarz an der Marienglashöhle.

Ein- bis zweimal in der Stunde verkehrt die Bahn von morgens bis abends und benötigt dafür exakt 59 Minuten. Damit ist sie heute 11 Minuten schneller als 1944, als sie offiziell noch als elektrisch betriebene Schmalspurbahn bezeichnet wurde. Wer bereit ist, mehr als den üblichen Ticketpreis für die vier Tarifzonen auszugeben, der kann die Thüringerwaldbahn auch mieten. Mit einer Bar, einer Musikanlage und Sitzplätzen für 32 Personen wird sie auch als Partybahn für Familien- oder Betriebsfeiern angeboten.

Adresse Bahnhofstraße, 99867 Gotha | **Anfahrt** A 4, Ausfahrt 42 (Gotha), B 247 bis Gotha-Zentrum, parken in der Bebelstraße | **Tipp** Bei einer Besteigung des Kirchturms der St.-Margarethen-Kirche am Marktplatz von Gotha hat man von oben ein schönes Panorama über die Stadt.

102__Das Huskyerlebnis

Auf dem Weg zum Musher-Diplom

Aus einem flauschig weißen bis kupferroten Fell stechen kühle blaue Augen hervor. Die im Jahr 2008 geborene Ronja, eine von mehreren Husky-Damen, ist bereit für ihren großen Lauf. Mit ihr lernen wir den Thüringer Wald aus einer neuen Perspektive kennen.

Der Siberian Husky ist ein Zughund, der viele Jahrhunderte lang die Nomadenvölker in den polaren Regionen und in Sibirien begleitete und damit zum unverzichtbaren Arbeitstier wurde. Durch sein aus zwei Schichten bestehendes Fell ist er an unwirtliche Gegebenheiten angepasst. Außerdem ist der Husky für seinen hervorragenden Orientierungssinn bekannt, der in verschneiter Landschaft unabdingbar ist. Durch regelmäßiges Training können Hunde dieser Rasse das bis zu Neunfache ihres eigenen Körpergewichtes ziehen.

Bei den Huskyerlebnissen in Tambach-Dietharz trifft man jedoch nicht nur auf Siberian Huskys, sondern auch auf Alaskan Malamutes, die nach einem Stamm der Inuit benannt sind. Außerdem zählen zu der sogenannten Arctic Speed Crew noch ein Grönlandhund, ein Jakutischer Laika, ein Samojede und ein Tschechoslowakischer Wolfhund. Sie alle gehören zu den nordischen Hunderassen und zeichnen sich durch harte Arbeit und Zähigkeit aus. Daher bieten sie sich geradezu an, um als Schlittenhunde im Thüringer Wald zu dienen.

Als Gast kann man auf dem Trainingswagen Platz nehmen und sich durch die romantisch-verschneite Landschaft ziehen lassen. Im Sommer werden geführte Wanderungen, selbstverständlich mit einem ganzen Hunderudel, angeboten. Darüber hinaus kann man sich auch zu einem Musher ausbilden lassen und lernen, wie man selbstständig ein Hundeschlittengespann lenkt. Außerdem kann man zusammen mit seinem eigenen Zughund zahlreiche Sportarten erlernen. Bei Kindern ist die rund einstündige Kuschelstunde beliebt, in der nicht nur Wissenswertes zum Thema Schlittenhunde vermittelt wird, sondern gestreichelt, gespielt und geknuddelt werden darf.

Adresse Huskyerlebnisse, Julia Kraft, Schmalkalder Straße 42, 99887 Tambach-Dietharz, Tel. 0151/51270360, www.huskyerlebnisse.de | **Anfahrt** A 71, Ausfahrt 17, B 88 bis Georgenthal, L 1028 bis Tambach-Dietharz | **Öffnungszeiten** nach Terminvereinbarung | **Tipp** Auch Nachtwanderungen und Mondscheintouren mit Mitternachtsvesper sind möglich. In der Winterzeit wird auch Glühwein angeboten.

103__Das Röllchen

Die Entstehung einer Klamm

Eine Klamm zu besichtigen ist immer etwas ganz Besonderes. Die engen Schluchten sind oft feucht, schmal und dunkel. Und doch fühlt man sich hingezogen zu diesen sehenswerten Naturphänomenen. Daher sind viele Klammen mit Holzstegen begehbar gemacht worden, manche von ihnen kosten sogar Eintritt. Die berühmtesten und auch größten Schluchten dieser Art in Deutschland befinden sich in den Alpen und tragen in der Regel die Namen der Wildbäche, die diese Schluchten geschaffen haben, wie zum Beispiel die Breitnachklamm bei Oberstdorf oder die berühmte Partnachklamm bei Garmisch-Partenkirchen.

Aber auch der Thüringer Wald beherbergt eine Klamm. Nur muss man für diese eine ganze Menge Zeit mitbringen. Zum einen, weil sie sich tief im Wald verbirgt und sich nur im Rahmen einer längeren Wanderung erreichen lässt. Und zum anderen, weil sie noch in der Entstehung ist. Das heißt, es werden noch ein paar hunderttausend Jahre vergehen, bis diese Thüringer Klamm mit den Alpenschluchten mithalten kann. Vielleicht trägt sie auch daher nur den niedlich klingenden Namen Röllchen.

Das Röllchen befindet sich am südlichen Ende der Schmalwassertalsperre bei Tambach-Dietharz. Dort fließt das Wasser eines kleinen Baches plätschernd durch den Wald und bahnt sich langsam seinen Weg in den Untergrund. Neben dem kleinen Gewässer verläuft für Wanderer ein Wurzelpfad, und stellenweise erheben sich einige Felsen in die Höhe. Auch mit der ständigen Feuchtigkeit auf dem Weg hat die Klamm schon den ersten Schritt zur richtigen Schlucht gewagt. Nur schmal und dunkel ist es am Röllchen noch nicht, sondern eher gemütlich mit einem Picknickplatz am oberen Ende der zukünftigen Schlucht. Bis es so weit ist, kann man sich aber, nur wenige Gehminuten entfernt, mit dem Falkenstein beschäftigen. Dieser Porphyrfelsen ist mit seinen 96 Metern der höchste frei stehende Felsen im Thüringer Wald.

Adresse Oberhofer Straße, 99897 Tambach-Dietharz | **Anfahrt** A 4, Ausfahrt 42, B 247 bis Ohrdruf, B 88 bis Georgenthal, L 1028 bis Tambach-Dietharz, Oberhofer Straße bis zur Schmalwassertalsperre, von dort Wanderung entlang des Sees | **Tipp** Im Anschluss an die Wanderung lohnt sich die Einkehr im Gasthaus Zum Bären in Tambach. Der Gasthof kann auf eine lange Tradition bis in das 16. Jahrhundert zurückblicken, als an der Stelle des Gebäudes eine Herberge stand.

104 Der Spitterfall

Kaskaden im Wald

Der Trusetaler Wasserfall an der Landstraße zwischen Trusetal und Brotterode ist der größte Wasserfall im Thüringer Wald. So wird es überall erklärt, und so steht es überall geschrieben. Doch wenn man ehrlich ist, handelt es sich nur um einen überdimensionalen Wasserhahn. Denn das Wasser kann von Menschenhand einfach abgestellt werden, so wie es Jahr für Jahr im Winter getan wird. Und dann fließt nichts mehr. Der Trusetaler Wasserfall ist zwar beachtliche 50 Meter hoch, und es sieht auch beeindruckend aus, wenn das Wasser im Sommer über die Felsen hinweg in die Tiefe fällt, aber er ist nun einmal im Jahr 1865 künstlich angelegt worden.

Deutlich kleiner, dafür aber natürlichen Ursprungs, ist der Spitterfall. Das Wasser der Spitter fließt kaskadenartig 19 Meter tief und macht den Spitterfall damit zum eigentlich größten Wasserfall des Thüringer Waldes. Die beiden Katarakte sind weniger als neun Kilometer Luftlinie voneinander entfernt. Doch so leicht wie der Trusetaler Wasserfall, der mit seinem Besucherparkplatz direkt an der Landstraße liegt, macht es einem der Spitterfall zum Glück nicht. Um diesen zu erleben, muss man sich nämlich zunächst einmal nach Tambach-Dietharz begeben. Die dortige Spitterstraße gibt mit ihrem Namen schon einen ersten Hinweis auf das Gewässer. Die Spitter fließt gleich daneben.

Bei einer Wanderung durch das Naturschutzgebiet Spittergrund gelangt man immer tiefer in den Wald und erreicht nach einiger Zeit den plätschernden Wasserfall, der sich in mehreren schmalen Kaskaden durch das dichte Grün über einige Felsstufen ergießt. Vor dieser malerischen Kulisse lädt ein kleiner Picknickplatz zu einer Wanderpause ein, nach der man anschließend noch ein Stück in Richtung Ebertswiese weiterwandern kann, wo die Spitter ihren Anfang nimmt. Das Ende der Spitter erfolgt schon nach sechseinhalb Kilometern, indem sie, ganz natürlich, in die Apfelstädt mündet.

Adresse Spitterstraße, 99897 Tambach-Dietharz | **Anfahrt** A 4, Ausfahrt 42, B 247 bis Ohrdruf, B 88 bis Georgenthal, L 1028 bis Tambach-Dietharz, von dort zu Fuß durch das Spittertal | **Tipp** Anschließend noch die Wanderung ein kleines Stück fortführen, um bis zum Naturschutzgebiet Ebertswiese zu gelangen.

105 Die Rundkirche

Kirche einmal anders – noch einmal

Unter Suhl gibt es eine ganz besondere Kirche. Verzeihung, natürlich in Untersuhl bei Gerstungen gibt es ein Gotteshaus mit einem ungewöhnlichen Baustil. Normalerweise sind wir es gewohnt, dass unsere klassischen Kirchen aus einem Langhaus beziehungsweise Kirchenschiff bestehen, das zusammen mit mindestens einem Kirchturm ein geschlossenes Gebäudeensemble ergibt. Ausnahmen bestätigen natürlich die Regel, wie die in diesem Buch beschriebene Winkelkirche in Ruhla beweist (siehe Seite 154).

In Untersuhl erhebt sich hingegen ein kreisrundes Gotteshaus. Der untere Teil der Rundkirche besteht aus einer Sandsteinmauer, auf die ein ebenfalls runder Fachwerkaufsatz folgt. Erst beim Schieferdach hat man sich für eine andere geometrische Form entschieden. Der Turmhelm, der in gewisser Weise den klassischen Kirchturm darstellt, wurde achteckig angelegt. Diesem wurde eine Haube, natürlich wieder rund, im barocken Stil aufgesetzt.

Damit wirkt das gesamte Gebäude wie ein Wehrturm oder erinnert an eine Windmühle ohne Flügel. Das führt dazu, dass man bei einer Fahrt nach Untersuhl auf die Ausschilderung zur Kirche achten sollte, denn von Weitem ist sie eben nicht als klassische Kirche zu erkennen. Wann, von wem und warum die Kirche in diesem Stil errichtet wurde, ist leider nicht überliefert. Fest steht jedoch, dass sie bereits Anfang des 17. Jahrhunderts existierte. An der Südseite befindet sich ein zugemauertes Fenster, über dem die Jahreszahl 1615 in der Wand zu erkennen ist, dasselbe Jahr, das auch in einer Urkunde festgehalten wurde.

Auch das Innere der Kirche ist durchaus sehenswert. Von zwei Emporen aus kann man wie im Theater auf den Altar hinabschauen. Die Außenseiten der Emporen sind mit detailreichen Fresken verziert, die die Apostel und Propheten zeigen und ebenfalls im Barockstil erschaffen wurden. Daher ist ein Rundgang durch die Kirche hier nicht nur wörtlich zu nehmen, sondern auch noch empfehlenswert.

Adresse Kirchplatz, 99834 Untersuhl | **Anfahrt** A 4, Ausfahrt 36, L 1022, hinter der Bahnunterführung gleich links, Untersuhler Straße bis Kirchplatz | **Tipp** Der Nachbarort Obersuhl befindet sich bereits auf hessischer Seite. Dazwischen gibt es einen Grenzlehrpfad mit einem originalen Grenzwachturm zu sehen.

106 Die Talsperre Leibis-Lichte

Keine Talsperre ist höher

Der Thüringer Wald besteht aus Bergen, Tälern und Seen. Letztere sind in der Regel jedoch nicht natürlichen Ursprungs. Die meisten, vor allem die größeren und bekannten Seen in Thüringen, wurden von Menschenhand geschaffen. Dazu zählen zum Beispiel die Ohra-Talsperre in Luisenthal, die Schmalwasser-Talsperre und die Talsperre Tambach-Dietharz. Die höchste Talsperre im Thüringer Wald ist jedoch die Staumauer von Leibis-Lichte, die man unbedingt mal vom Talboden aus gesehen haben sollte, um die Ausmaße zu erahnen.

Die Staumauer ist 102 Meter hoch und sollte in der ursprünglichen Planung sogar noch einige Meter höher werden. Die Breite der Mauer befindet sich jedoch mit 369 Metern im bundesdeutschen Vergleich eher im Mittelfeld. Auch beim Volumen und bei der Fläche des dadurch gebildeten Sees ist die Talsperre weit von Rekorden entfernt.

Fertiggestellt wurde die Staumauer nach dreijähriger Bauzeit im Jahr 2005 und staut seither den eigentlich kleinen Fluss Lichte, der gerade einmal 17 Kilometer lang ist und bei Unterweißbach in die Schwarza mündet. Zu der Gemeinde gehört auch der Ortsteil Neu-Leibis, der durch Umsiedlungsmaßnahmen in den 1990er Jahren entstanden ist. Das alte Leibis wurde komplett abgetragen und durch den Bau der Staumauer geflutet. In Unterweißbach entstand daraufhin der Ortsteil Neu-Leibis. Lediglich ein Kriegerdenkmal ist unter Wasser verblieben.

Doch der Anblick der Staumauer ist nicht nur von unten bemerkenswert – und vielleicht auch ein wenig furchteinflößend, wenn man bedenkt, dass hinter der Betonmauer Millionen Liter Wasser aufgestaut werden –, sondern auch von oben. Mit der touristischen Lichtetalbahn kann man sich ab Unterweißbach sogar über die Staumauer fahren lassen und den Ausblick auf das Tal genießen.

Adresse Lichtetalstraße, 98744 Unterweißbach | **Anfahrt** B 281 ab Neuhaus am Rennweg, im Kreisverkehr auf die L 1145, bis Unterweißbach und dann rechts die Lichtetalstraße bis zum Ende befahren | **Tipp** Im nahe gelegenen Sitzendorf präsentiert das Bauernmuseum auf einer Fläche von 800 Quadratmetern historische Fahrzeuge, Maschinen und Traktoren.

107 Die Geflügelausstellung Viernau

Das Federvieh von Thüringen

Wenn Sie einen Sohn haben, der gerade in dem Alter ist, in dem er die Grundschule verlässt und auf eine weiterführende Schule wechselt, dann passen Sie genau auf, was er sich von seinem mühsam ersparten Taschengeld kauft oder was er im nächsten Dezember auf den Wunschzettel an den Weihnachtsmann schreiben wird. Möglicherweise legt er damit den Grundstein für ein späteres Museum.

Denn genau im Alter von elf Jahren schaffte sich der Viernauer Günter Schneider seinen ersten Hahn und zwei Hennen an. Genau – seinen ersten. Es sollten noch viele weitere folgen. Aus dem Kindesalter ist Günter Schneider schon vor einigen Jahrzehnten herausgewachsen. Sein Faible für das Federvieh ist geblieben und kann bei einem Rundgang durch sein Privathaus bestaunt werden.

Bis es dazu kam, war Günter Schneider jedoch auf beinahe jeder Geflügelausstellung in der DDR anzutreffen. Nach der Wiedervereinigung war er maßgeblich für die Wiedergründung des Thüringer Landesverbandes Thüringer Rassegeflügelzüchter verantwortlich und ist mittlerweile der erste Ehrenvorsitzende. Mit dem Verband geht es regelmäßig auf Ausstellungen wie zur Junggeflügelschau, der Zwerghuhnschau oder der Wassergeflügelschau. Aber allein das Geflügelmuseum ist bereits eine Schau für sich. In elf Räumen präsentiert der Geflügelfreund 15.000 Ausstellungsstücke. Zahlreiche Bilder und Gemälde hängen an den Wänden, während in den Regalen Porzellanfiguren oder bemalte eiförmige Exponate zu sehen sind. Dabei geht es natürlich nicht um gewöhnliche Wald- und Wiesenvögel, sondern um Rassegeflügel, und so lernt man noch ganz nebenbei, dass es sich bei Thüringer Schwalben und Schmalkaldener Mohrenköpfen um Tauben handelt. Übrigens: Als Geschenk für Ihren Jungen eignen sich vielleicht Ruhlaer Zwerg-Kaulhühner. Sie stammen aus regionaler Züchtung und sind sehr zutraulich.

Adresse Geflügelmuseum Viernau, Hügelstraße 3a, 98547 Viernau, Tel. 036847/42987 | **Anfahrt** A 71, Ausfahrt Suhl/Zella-Mehlis, B 62 durch Zella-Mehlis, in Benshausen auf L 1118 bis Viernau, links in Forststraße und Hügelstraße | **Öffnungszeiten** täglich 10–18 Uhr | **Tipp** Vom Nachbarort Steinbach-Hallenberg aus gelangt man gut zum Knüllfeld, von dessen Waldschenke aus man einige Wanderungen unternehmen und eindrucksvolle Aussichten genießen kann.

108 Der trigonometrische Punkt

Für die bessere Orientierung

Es gibt Dinge, die trotz ihrer Offensichtlichkeit völlig unauffällig sind und über die man nur wenig weiß. Außer man hat beruflich damit zu tun. Dazu dürften auch trigonometrische Punkte gehören. Gesehen hat sie jeder schon, manche sind vielleicht schon darüber gestolpert, doch die meisten Menschen haben sie wahrscheinlich einfach ignoriert.

Die Rede ist von kleinen Granitsteinen, denen man in der Landschaft begegnet. Im freien Gelände oder im Wald schauen sie als Würfel aus dem Boden. Doch sie reichen bis zu einem Meter in die Tiefe, damit der sichere Stand gewährleistet ist und sich beim Vermessen der Geländeform und der Landschaft keine Fehler einschleichen. Denn genau hierfür sind diese Markierungen gedacht, zur Vermessung und zur Nutzung in der Kartografie. Sie sind in der Regel auf Wanderkarten als kleines schwarzes Dreieck gekennzeichnet. Die Vermessungspunkte haben auf ihrer Südseite immer die Inschrift TP für Trigonometrischer Punkt, während auf der Nordseite ein kleines Dreieck in den Stein eingemeißelt ist. So können die Steine auch Wanderern ohne Karte zur Orientierung im Gelände dienen.

Aber es gibt auch Trigonometrie-Punkte, die auffälliger sind. Dazu zählen zum Beispiel Kirchtürme, Sendemasten, Gipfelkreuze und auch der Große Inselsberg. Der Gipfel ist durch sein markantes Äußeres deutlich sichtbar und wurde bereits im frühen 19. Jahrhundert zur Vermessung herangezogen. Er gilt sogar als trigonometrischer Punkt erster Ordnung, was bedeutet, dass die Vermessung auch aus einer Entfernung von bis zu 50 Kilometern erfolgen kann. Eine dreibeinige Metallskulptur und ein Marmorblock auf dem Gipfel erinnern seit 1995 an die sogenannte Hannoversche Gradvermessung und an die Landesvermessung des Königreichs Preußen, des Kurfürstentums Hessen sowie verschiedener Herzogtümer.

Adresse Großer Inselsberg, 99891 Waltershausen | **Anfahrt** A 4, Ausfahrt 41a, L 1027 durch Langenhain, B 88 bis Tabarz, L 1024 in Richtung Brotterode bis zu den Großparkplätzen am Gasthof Kleiner Inselsberg | **Tipp** Man sollte ein kleines Stück dem Rennsteig folgen. Denn wenig später kann man an der Schutzhütte Venetianerstein die Aussicht genießen.

109_Der begrabene Hund

Ruhe in Frieden, kleiner Stutzel

Da liegt der Hund begraben. Eine Redensart, mit der man andeuten möchte, wo die Schwierigkeiten bei einem scheinbar unüberwindbaren Problem sind. Und wenn es danach geht, befindet sich die Ursache aller Probleme im Thüringer Wald. Das ist nicht schön, aber leider die Wahrheit. Denn in Winterstein, das zu Waltershausen gehört, liegt der sprichwörtliche Hund tatsächlich begraben.

Dort befindet sich die Ruine einer einstigen Wasserburg. Sie wurde zu Beginn des 14. Jahrhunderts erbaut und während des Dreißigjährigen Krieges beschädigt. Seither ragt sie zerstört zwischen einigen Bäumen empor. Im Schlosspark vor der Ruine befindet sich in einem Halbrund das Grab von Stutzel, dem Hund. Ein schöner Grabstein ziert den Ort, auf dem ein Hund in Stein gemeißelt zu sehen ist. Die Rasse ist nicht eindeutig zu erkennen. Für einen Dackel sind die Beine zu lang, für einen Pudel sieht er zu nackt aus. Aber ein Männchen schien Stutzel gewesen zu sein.

Es war der Hund des Burgherren Christof von Wangenheim, und die Legende besagt, dass der Vierbeiner so klug gewesen sein soll, dass er heimlich die Liebesbriefe seines Herrn zum Schloss Friedensstein nach Gotha gebracht haben soll. Das sind immerhin über 20 Kilometer. Dann war es wohl kein Dackel. Als von Wangenheim starb, übernahm seine Witwe die Pflege des Tiers bis zu dessen Tod. Sie hatte das Tier abgöttisch geliebt und trauerte so sehr um ihn, dass sie nach Stutzels Tod darauf bestand, den Hund auf dem örtlichen Friedhof begraben zu lassen. Nachdem ausreichend Geld geflossen war, stimmte der Pfarrer zwar zu, musste sich aber nach höhnischen Bemerkungen und Spötteleien aus anderen Dörfern vor einem Kirchengericht verantworten und seinen Hut nehmen. Stutzel wurde daraufhin exhumiert und in sein heutiges Grab überführt. Seitdem liegt in Winterstein der Hund begraben, aber immer noch besser, als wenn dort der Hase im Pfeffer liegen würde.

Adresse Am Wallgraben, 99890 Winterstein | **Anfahrt** A 4, Ausfahrt 41a, L 1025 und L 1027 bis Langenhain, B 88 bis Schwarzhausen, Inselsbergstraße bis Winterstein | **Tipp** Fährt man die Hauptstraße weiter in Richtung Ruhla beziehungsweise Bad Liebenstein, folgt das Ausflugslokal Ruhlaer Skihütte, an das eine Falknerei mit Flugvorführungen angrenzt.

110_Die Venushöhle

Heimat von Frau Holle

Wenn es nach den Märchenbrüdern Grimm gehen würde, dann läge nördlich des Thüringer Waldes ewig Schnee. Dort erhebt sich nämlich der kleine Gebirgszug der Hörselberge. Höchster Punkt ist der Große Hörselberg mit einer Höhe von 484 Metern, gefolgt vom Großen Herrenberg. 50 Meter niedriger als der Große Hörselberg ist der Kleine Hörselberg, der wiederum vom Kleinen Herrenberg gefolgt wird. Sie bestehen aus Muschelkalk und sind vom Tal aus gut erkennbar, da sie wie eine Abbruchkante aus den Wäldern hervorstehen. Und genau in dieser Abbruchkante befinden sich zwei sehenswerte Höhlen, die als Heimat der legendären Frau Holle bezeichnet werden.

Die größere von ihnen ist die Tannhäuserhöhle, sie wurde erst im Jahr 1928 entdeckt. Benannt wurde sie von einem findigen Gastronomen aus der Region nach Richard Wagners Oper. Diese spielt zu Beginn im Inneren des Hörselbergs beziehungsweise des sogenannten Venusbergs. Und damit kommen wir zur zweiten Höhle, die bereits früher bekannt war und schon damals Venushöhle genannt wurde. Sie ist mit einer Länge von gerade einmal 15 Metern deutlich kleiner als die Tannhäuserhöhle und wird oft als Schauplatz der Oper bezeichnet. Doch nicht nur Wagner soll hier seinen Protagonisten angesiedelt haben, sondern auch die Gebrüder Grimm. Ihrem Märchen nach springt ein Mädchen in einen Brunnen und muss mehrere Prüfungen bestehen. Dabei trifft sie auf Frau Holle. Ob Frau Holle wirklich dort wohnt oder im nicht weit entfernten Hessisch-Lichtenau, das als Frau-Holle-Land bezeichnet wird, ist nicht gesichert, denn die beiden Höhlen können nicht betreten werden. Sie sind, und das ist sicher, Winterquartier von sieben verschiedenen Fledermausarten. Dennoch lohnt sich der Aufstieg auf die Hörselberge und zu den verschlossenen Höhleneingängen, weil man von dort einen wunderbaren Ausblick auf den Thüringer Wald genießen und den markanten Großen Inselsberg in der Ferne sehen kann.

Adresse Hörseltalstraße, 99848 Wutha-Farnroda, Ortsteil Schönau | **Anfahrt** A 4, Ausfahrt 40b (Sättelstädt), L 3007 bis zum Parkplatz am Bahnhof Schönau | **Tipp** Auf dem bewaldeten Grat der Hörselberge kann man in westlicher Richtung bis Wutha-Farnroda wandern und die Aussichten rechts und links des Weges genießen. An der Hörsel geht es dann zurück bis Schönau.

111 Die Beschußanstalt

Präzise Tests in Zella-Mehlis

»Auf Grund des Paragraf 7 des Gesetzes, betreffend die Prüfung der Läufe und Verschlüsse der Handfeuerwaffen, vom 19. Mai 1891 hat der Bundesrath über das Verfahren bei der Prüfung, über das Gewicht und die Beschaffenheit des bei der Beschußprobe zu verwendenden Pulvers und Bleies, sowie über die Form und das Schlagen der Prüfungszeichen nachstehende Bestimmungen erlassen: Die einmalige Beschußprobe der Revolver aus jedem Patronenlager der Walze erfolgt mit der zugehörigen Gebrauchspatrone, deren Pulverladung so weit verstärkt worden ist, als es die Länge der Patronenlager (Walze) gestattet.«

Dieses mittlerweile über 120 Jahre alte Gesetz war der fast schon wörtlich zu nehmende Startschuss für die Gründung der Beschußanstalt in Zella-Mehlis. Noch im selben Jahr wurde die Baugenehmigung erteilt, und schon im Jahr 1893 fiel der erste Schuss. Eine jahrhundertealte Waffentradition in Zella-Mehlis und im benachbarten Suhl führte dazu, dass die Beschußanstalt am gleichen Ort gegründet wurde. In den ersten Jahren lag die Beschußanstalt sozusagen im Dauerfeuer, denn bereits vier Jahre nach Indienststellung wurde die einmillionste Waffe abgefeuert und damit getestet. Weitere acht Jahre später waren es bereits vier Millionen.

Nach dem Ende des Zweiten Weltkriegs befand sich in dem Gebäude ein metallverarbeitender Betrieb, und die Waffenprüfung wurde fortan im Beschussamt Suhl durchgeführt. Heute beherbergt das einstige Schusswaffen-Prüfgelände das Stadtmuseum von Zella-Mehlis und informiert über die lange Geschichte der örtlichen Waffenproduktion. Außerdem bekommt der Besucher Interessantes aus dem Automobilbau, der Sportgeschichte und dem Leben einiger örtlicher Persönlichkeiten zu sehen, wie zum Beispiel Heinrich Ehrhardt, der die Fahrzeugfabrik Eisenach gründete und den Rohrrücklauf an Geschützen erfand – womit sich der Kreis zwischen Waffenproduktion und Beschussprüfung schließt.

Adresse Museum in der Beschußanstalt, Anspelstraße 25, 98544 Zella-Mehlis, Tel. 03682/464698, www.beschussanstalt.de | **Anfahrt** A 71, Ausfahrt Suhl/Zella-Mehlis, B 62 bis Lämmermannstraße, dort rechts und wenig später erneut rechts in die Hauptstraße | **Öffnungszeiten** Mo–Fr 10–17 Uhr, Sa und So 10–16 Uhr | **Tipp** Unbedingt miteinplanen sollte man einen Besuch in der Gesenkschmiede Zella-Mehlis, die traumhaft am Waldrand liegt und nicht nur ein technisches Denkmal ist, sondern auch ein Ort für wechselnde Fotoausstellungen.

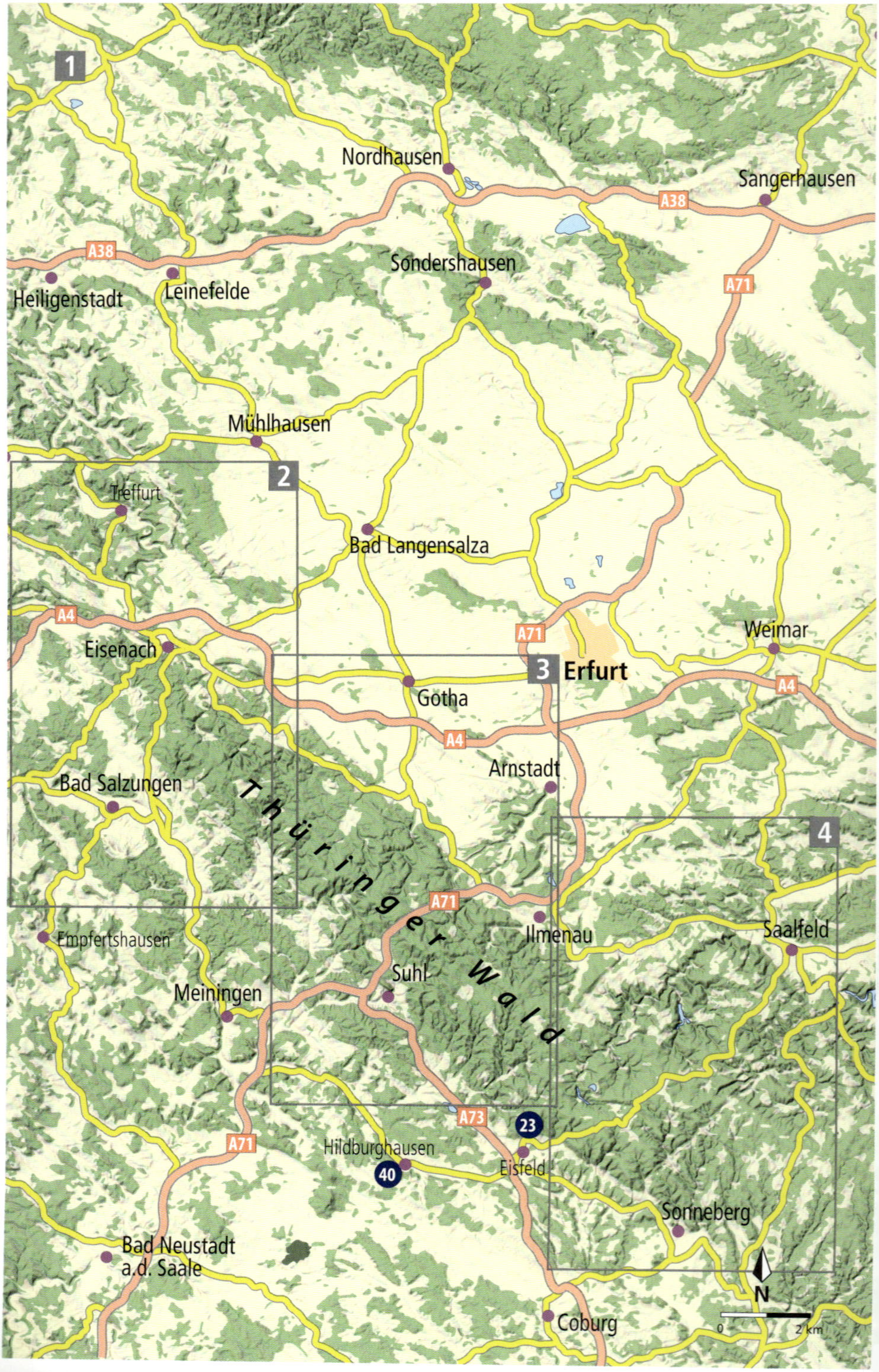

1
Nordhausen
Sangerhausen
A38
Sondershausen
A71
A38
Heiligenstadt
Leinefelde
Mühlhausen
2
Treffurt
Bad Langensalza
A4
Eisenach
A71
3
Erfurt
Weimar
Gotha
A4
A4
Arnstadt
Bad Salzungen
Thüringer Wald
4
A71
Ilmenau
Saalfeld
Empfertshausen
Suhl
Meiningen
A73
23
A71
Hildburghausen
40
Eisfeld
Sonneberg
Bad Neustadt
a.d. Saale
N
Coburg
0
2 km

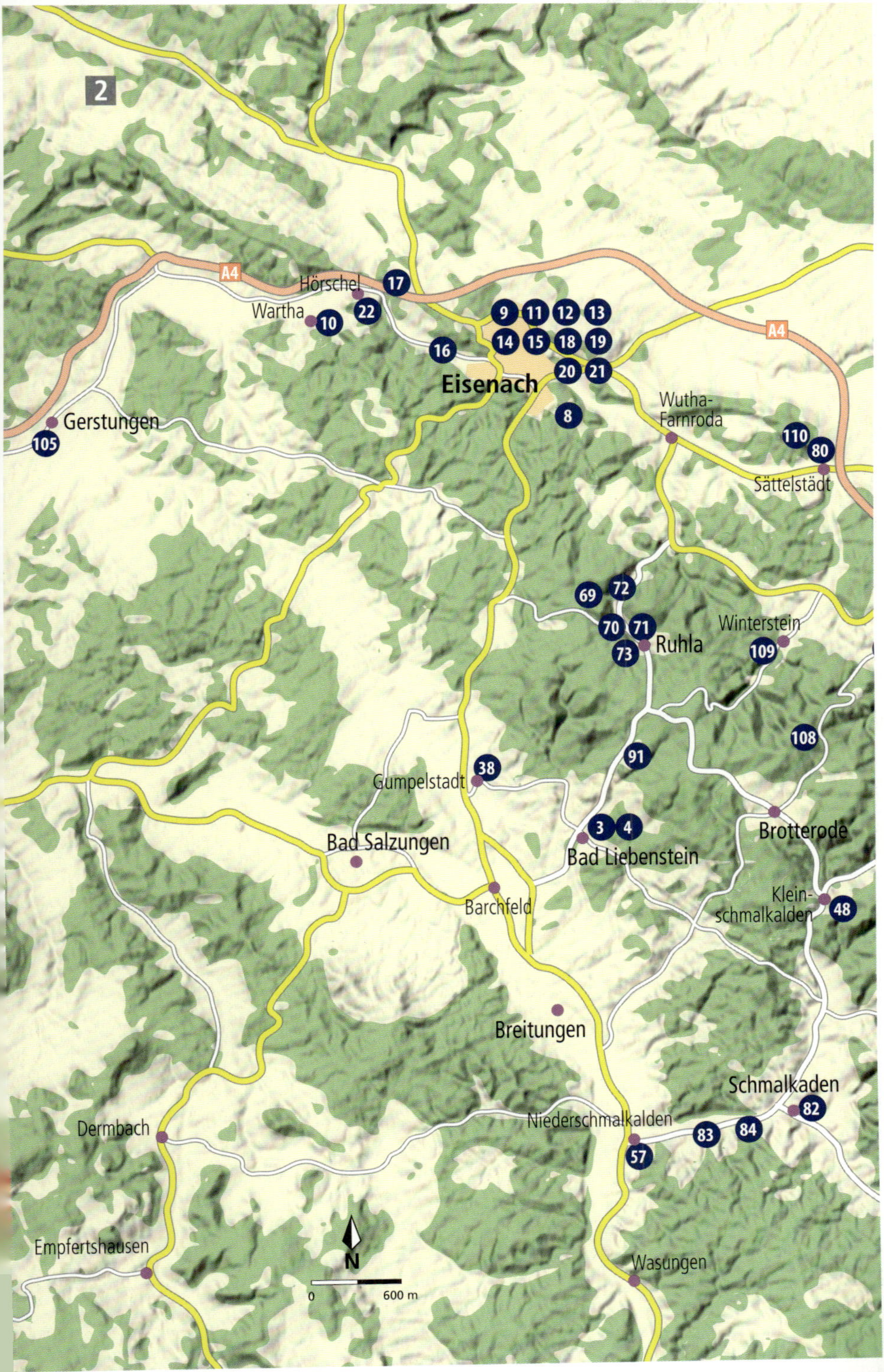
2
A4
Hörschel
17
Wartha
10
22
9 11 12 13
14 15 18 19
16
20 21
Eisenach
8
A4
Wutha-Farnroda
Gerstungen
105
110
80
Sättelstädt
69 72
70 71
Ruhla
73
Winterstein
109
108
91
38
Gumpelstadt
3 4
Bad Liebenstein
Brotterode
Bad Salzungen
Barchfeld
Klein-schmalkalden
48
Breitungen
Schmalkaden
82
Niederschmalkalden
83 84
57
Dermbach
N
0
600 m
Empfertshausen
Wasungen

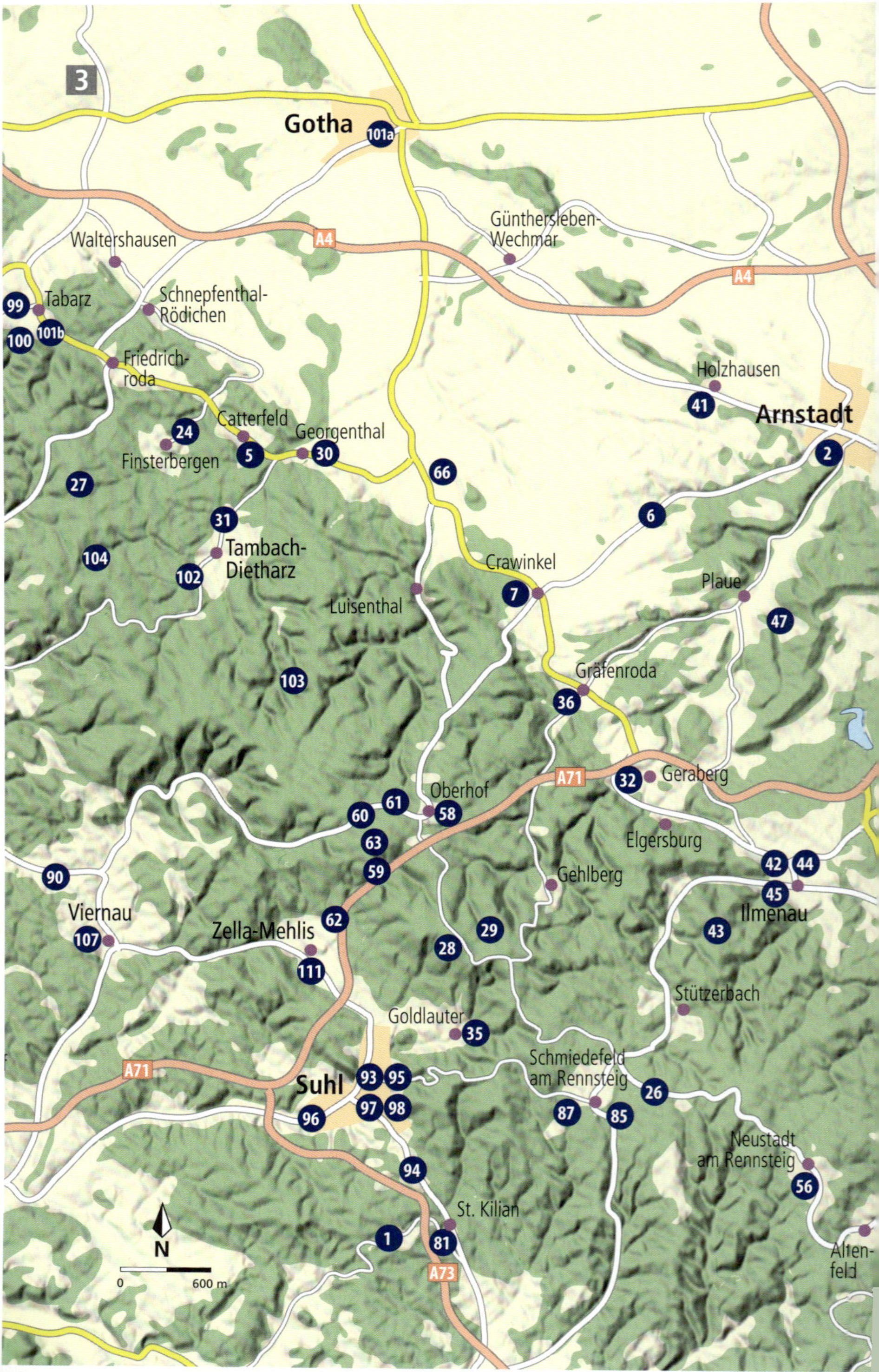

3
Gotha
101a
Waltershausen
A4
Günthersleben-
Wechmar
A4
Tabarz
99
100
101b
Schnepfenthal-
Rödichen
Friedrich-
roda
Holzhausen
41
Arnstadt
2
Catterfeld
Georgenthal
24
Finsterbergen
5
30
66
27
6
31
Tambach-
Dietharz
104
102
Crawinkel
7
Plaue
47
Luisenthal
103
Gräfenroda
36
A71
32
Geraberg
Oberhof
61
60
58
63
59
Elgersburg
42
44
45
Gehlberg
Ilmenau
90
Viernau
107
Zella-Mehlis
62
29
43
28
111
Stützerbach
Goldlauter
35
A71
Schmiedefeld
am Rennsteig
93
95
Suhl
97
98
96
26
87
85
Neustadt
am Rennsteig
56
94
St. Kilian
1
81
A73
N
0
600 m
Alten-
feld

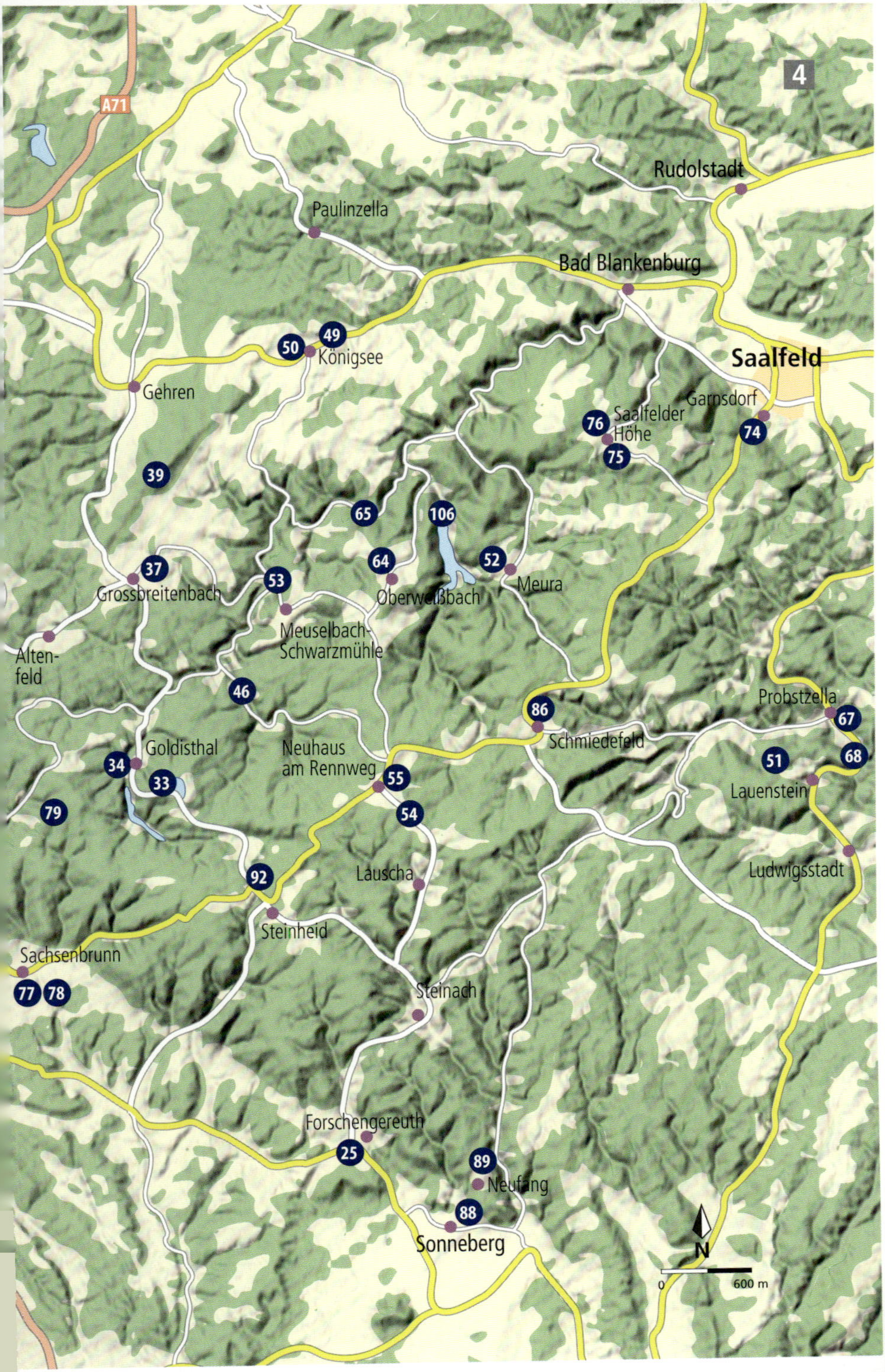

4
A71
Rudolstadt
Paulinzella
Bad Blankenburg
50
49
Königsee
Saalfeld
Gehren
Garnsdorf
76
Saalfelder Höhe
75
74
39
65
106
52
Meura
64
37
Grossbreitenbach
53
Oberweißbach
Meuselbach-Schwarzmühle
Alten-feld
46
Probstzella
86
67
Schmiedefeld
Goldisthal
Neuhaus am Rennweg
51
68
34
55
Lauenstein
33
79
54
Ludwigsstadt
Lauscha
92
Steinheid
Sachsenbrunn
77
78
Steinach
Forschengereuth
25
89
Neufang
88
Sonneberg
N
0
600 m

Rüdiger Liedtke
111 Orte auf Mallorca, die man gesehen haben muss
ISBN 978-3-89705-975-7

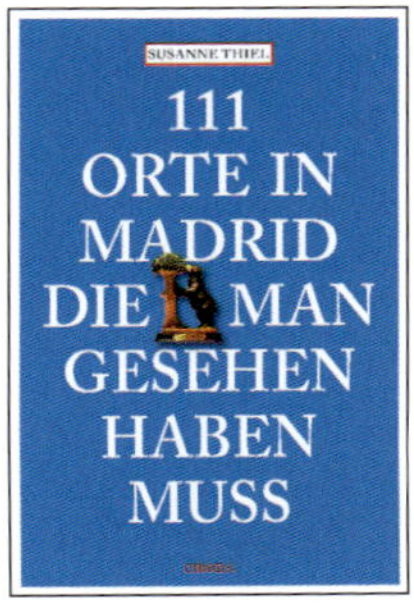

Susanne Thiel
111 Orte in Madrid, die man gesehen haben muss
ISBN 978-3-95451-118-1

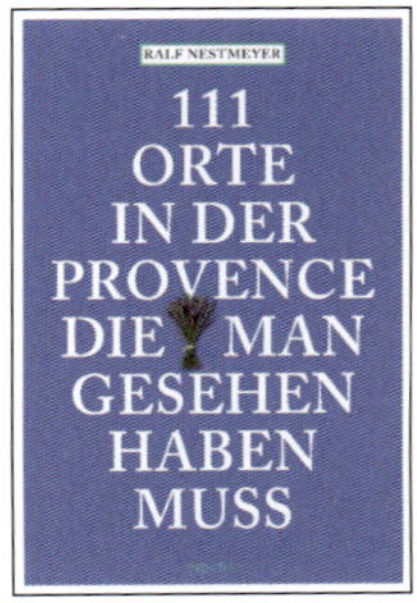

Ralf Nestmeyer
111 Orte in der Provence, die man gesehen haben muss
ISBN 978-3-95451-094-8

Peter Eickhoff
111 Orte in Wien, die man gesehen haben muss
ISBN 978-3-89705-969-6

Stefan Spath
111 Orte in Salzburg, die man gesehen haben muss
ISBN 978-3-95451-114-3

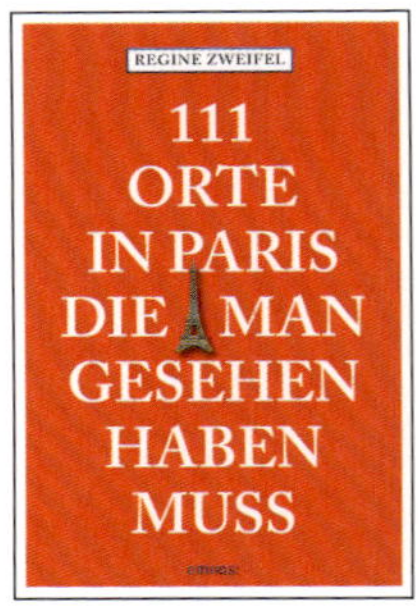

Regine Zweifel
111 Orte in Paris, die man gesehen haben muss
ISBN 978-3-89705-823-1

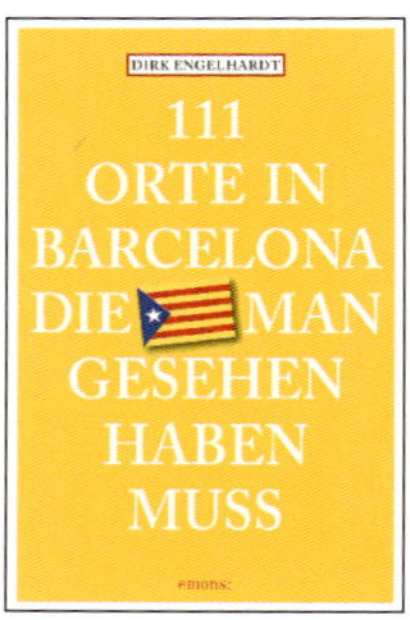

Dirk Engelhardt
111 in Barcelona, die man gesehen haben muss
ISBN 978-3-95451-066-5

John Sykes
111 Orte in London, die man gesehen haben muss
ISBN 978-3-95451-117-4

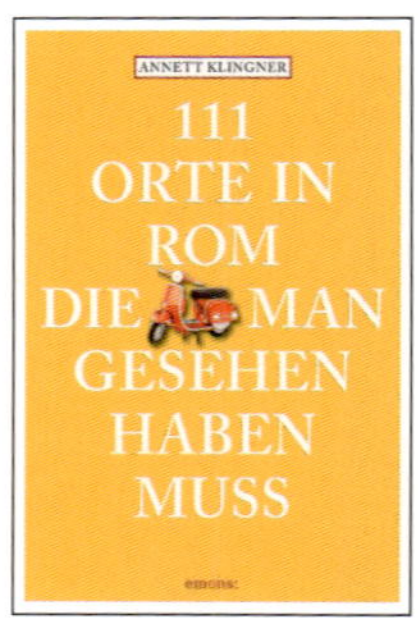

Annett Klingner
111 Orte in Rom, die man gesehen haben muss
ISBN 978-3-95451-219-5

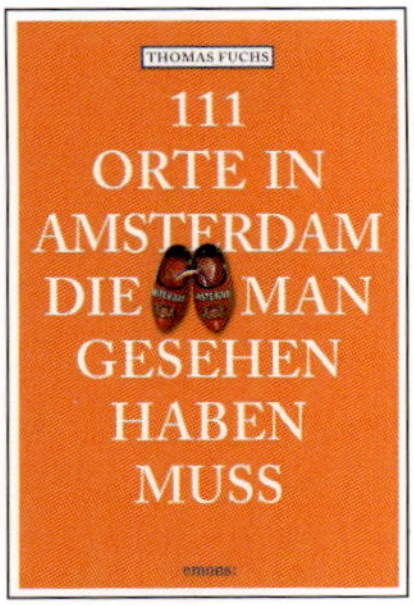

Thomas Fuchs
111 Orte in Amsterdam, die man gesehen haben muss
ISBN 978-3-95451-209-6

Stefan Spath, Gerald Polzer
111 Orte im Salzkammergut, die man gesehen haben muss
ISBN 978-3-95451-231-7

Christiane Bröcker, Babette Schröder
111 Orte in Stockholm, die man gesehen haben muss
ISBN 978-3-95451-203-4

Sabine Gruber, Peter Eickhoff
111 Orte in Südtirol, die man gesehen haben muss
ISBN 978-3-95451-318-5

Marcus X. Schmid
111 Orte in Istanbul, die man gesehen haben muss
ISBN 978-3-95451-333-8

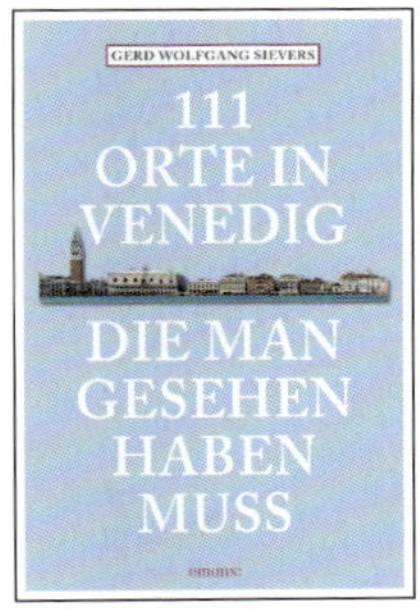

Gerd Wolfgang Sievers
111 Orte in Venedig, die man gesehen haben muss
ISBN 978-3-95451-352-9

Rüdiger Liedtke, Laszlo Trankovits
111 Orte in Kapstadt, die man gesehen haben muss
ISBN 978-3-95451-456-4

Eckhard Heck
111 Orte in Maastricht, die man gesehen haben muss
ISBN 978-3-95451-368-0

Petra Sophia Zimmermann
111 Orte am Gardasee und in Verona, die man gesehen haben muss
ISBN 978-3-95451-344-4

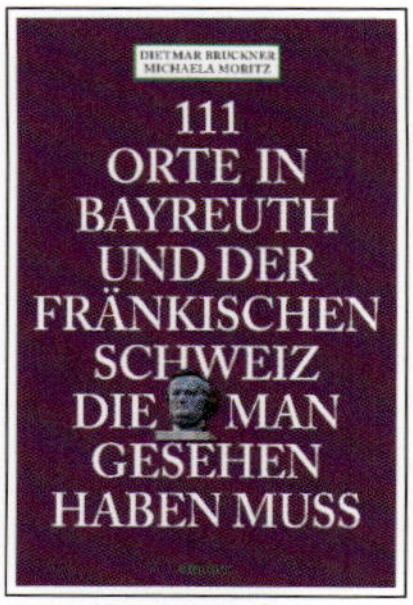

Dietmar Bruckner,
Michaela Moritz
111 Orte in Bayreuth und der Fränkischen Schweiz, die man gesehen haben muss
ISBN 978-3-95451-130-3

Alexandra und
Jobst Schlennstedt
111 Orte an der Ostseeküste, die man gesehen haben muss
ISBN 978-3-89705-824-8

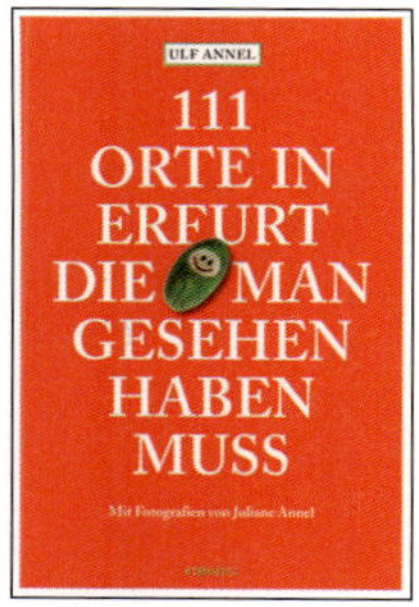

Ulf Annel
111 Orte in Erfurt, die man gesehen haben muss
ISBN 978-3-95451-022-1

Werner Schwanfelder
111 Orte in Mittelfranken, die man gesehen haben muss
ISBN 978-3-95451-336-9

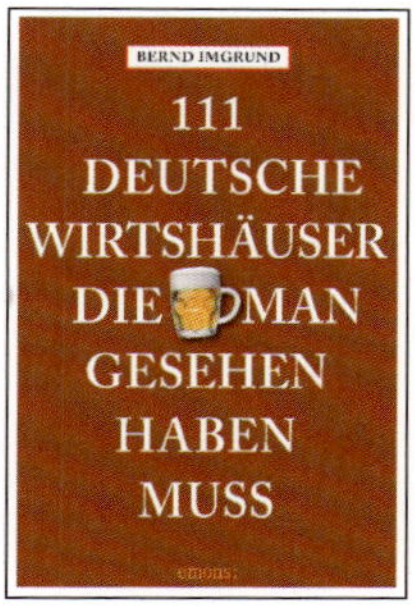

Bernd Imgrund
111 deutsche Wirtshäuser, die man gesehen haben muss
ISBN 978-3-95451-080-1

Cornelia Kuhnert
111 Orte in Hannover, die man gesehen haben muss
ISBN 978-3-95451-086-3

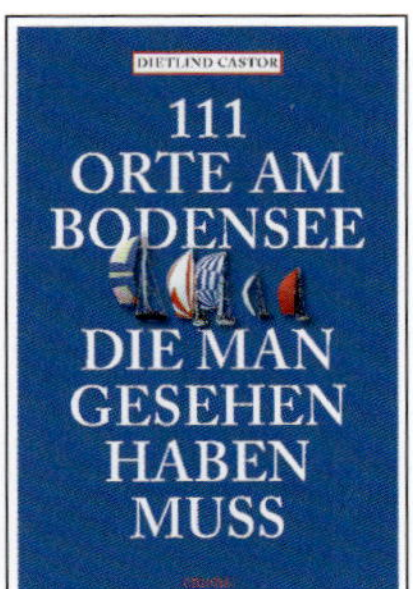

Dietlind Castor
111 Orte am Bodensee, die man gesehen haben muss
ISBN 978-3-95451-063-4

Daniela Bianca Gierok,
Ralf H. Dorweiler
111 Orte im Schwarzwald, die man gesehen haben muss
ISBN 978-3-89705-950-4

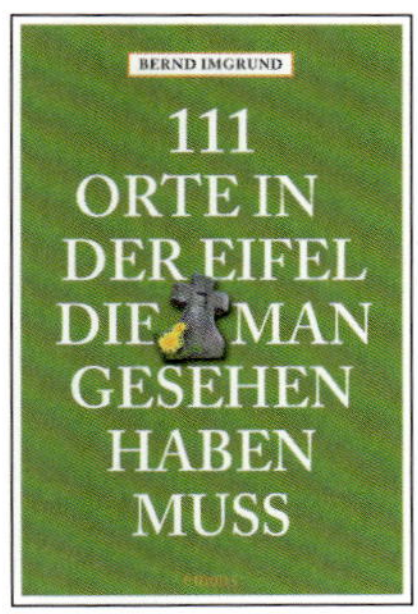

Bernd Imgrund
111 Orte in der Eifel, die man gesehen haben muss
ISBN 978-3-95451-003-0

Die Autoren

Monika Barwinska und **Michael Moll,** in den siebziger Jahren geboren, sind leidenschaftliche Reisende, die immer mit der Kamera in der Hand auf Tour sind. Sie haben mittlerweile viele Reiseführer veröffentlicht. Oft sind sie wandernd oder mit dem Wohnmobil unterwegs.